国家出版基金项目

中国传统村落文化抢救与研究

文化区系列

吴必虎 罗德胤 张晓虹 汤 敏 ◎ 主编

裴 丹 ◎ 编著

滨海传统村落

海天出版社
·深圳·

图书在版编目（CIP）数据

滨海传统村落 / 吴必虎等主编. — 深圳：海天出版社，2020.12

（中国传统村落文化抢救与研究. 文化区系列）

ISBN 978-7-5507-2987-2

Ⅰ. ①滨… Ⅱ. ①吴… Ⅲ. ①村落－研究－中国 Ⅳ. ①K928.5

中国版本图书馆CIP数据核字（2020）第162314号

审图号：GS（2020）5315号

滨海传统村落
BINHAI CHUANTONG CUNLUO

出 品 人	聂雄前
项目策划	许全军
项目统筹	南　芳
责任编辑	雷　阳
责任校对	万妮霞
责任技编	郑　欢
装帧设计	知行格致

出版发行	海天出版社
地　　址	深圳市彩田南路海天综合大厦（518033）
网　　址	www.htph.com.cn
订购电话	0755-83460239（邮购、团购）
设计制作	深圳市知行格致文化传播有限公司　Tel：0755-83464427
印　　刷	中华商务联合印刷（广东）有限公司
开　　本	787mm×1092mm　1/16
印　　张	15.25
字　　数	191千
版　　次	2020年12月第1版
印　　次	2020年12月第1次
定　　价	398.00元

海天版图书版权所有，侵权必究。
海天版图书凡有印装质量问题，请随时向承印厂调换。

"中国传统村落文化抢救与研究·文化区系列"编委会

EDITORIAL COMMITTEE

丛书主编：吴必虎　罗德胤　张晓虹　汤　敏

《中国传统村落概论》

编委会主任：张宝秀、成志芬
编委会成员：朱永杰、刘剑刚、李　扬、
　　　　　　时少华、张　勃、苑焕乔、
　　　　　　周爱华
编写分工：第一章　张宝秀、成志芬
　　　　　第二章　朱永杰
　　　　　第三章　刘剑刚
　　　　　第四章　李　扬
　　　　　第五章　成志芬、苑焕乔
　　　　　第六章　张　勃、李　扬
　　　　　第七章　时少华

《中原传统村落》

编委会主任：丁　华、张　东、
　　　　　　杨　博、郭晋媛
编委会成员：杨晓俊、戴　宏、刘改芳、
　　　　　　栗晓楠、刘　晗、姚　浪、
　　　　　　李羿祥、薛艳青、戴景文、
　　　　　　蒋星怡、朱凯凯、黄静怡、
　　　　　　廖文强、张　悦、陈鑫源、
　　　　　　陈姗姗、陈添珍、高媛媛、
　　　　　　刘丽丽、易远铨、黎燕君、
　　　　　　王　坤、易　雪、萧僖雯、
　　　　　　沈思源、苏小燕

《徽州传统村落》

编委会主任：张云彬、张宏梅、王　娟
编委会成员：张　茹、沈思佳、张业臣、
　　　　　　张小军、闻　飞、方敦礼
编写分工：第一章　张云彬
　　　　　第二章　张宏梅、张云彬
　　　　　第三章　张云彬
　　　　　第四章　王　娟
　　　　　第五章　张云彬、张宏梅、
　　　　　　　　　王　娟
　　　　　第六章　张宏梅

《荆楚传统村落》

编委会主任：龚胜生、何小芊、胡　娟、
　　　　　　陈丽军
编委会成员：伍昌友、李孜沫、魏幼红、
　　　　　　张涛
编写分工：第一章　龚胜生、何小芊
　　　　　第二章　何小芊
　　　　　第三章　胡　娟、龚胜生
　　　　　第四章　胡　娟
　　　　　第五章　陈丽军
　　　　　第六章　陈丽军
　　　　　第七章　何小芊

《客家传统村落》

编委会主任：陈　川

编委会成员：萧清碧、黄宗焕、李长青、
　　　　　　何烈孝、沈　洁

编写分工：第一章　陈　川、萧清碧
　　　　　第二章　陈　川、萧清碧
　　　　　第三章　萧清碧、陈　川、
　　　　　　　　　黄宗焕、李长青
　　　　　第四章　萧清碧、陈　川、
　　　　　　　　　黄宗焕
　　　　　第五章　萧清碧、李长青、
　　　　　　　　　黄宗焕、陈　川
　　　　　第六章　陈　川、萧清碧、
　　　　　　　　　黄宗焕、何烈孝

《西南传统村落》

编委会主任：刘丹萍、高　璟、吴艳阳、
　　　　　　徐　燕

编委会成员：陈玲玲、刘博宇、郭可欣、
　　　　　　赵昱嫣、郭聪聪、方家刚、
　　　　　　宋尚周

编写分工：第一章　刘丹萍、高　璟
　　　　　第二章　刘丹萍、高　璟
　　　　　第三章　刘丹萍、高　璟
　　　　　第四章　刘丹萍、高　璟
　　　　　第五章　刘丹萍、高　璟、
　　　　　　　　　吴艳阳、徐　燕
　　　　　第六章　刘丹萍、高　璟

《关东传统村落》

编委会主任：朱晓蕾、王福刚

编委会成员：付　卉、甘　静

编写分工：第一章　付　卉、朱晓蕾
　　　　　第二章　朱晓蕾
　　　　　第三章　王福刚
　　　　　第四章　朱晓蕾
　　　　　第五章　甘　静、朱晓蕾、
　　　　　　　　　王福刚
　　　　　第六章　朱晓蕾

《吴越传统村落》

编委会主任：崔　峰、王丽娴、张光明

编委会成员：千继贤、王　瑜、朱晓庆、
　　　　　　尤　峰

编写分工：第一章　崔　峰、朱晓庆
　　　　　第二章　崔　峰、千继贤
　　　　　第三章　王丽娴、崔　峰
　　　　　第四章　王　瑜
　　　　　第五章　崔　峰、尤　峰
　　　　　第六章　张光明

《西北传统村落》

编委会主任：李　丁、苗　红、冶建明
编委会成员：韩雅敏、林　燕、孟　璐、
　　　　　　王文倩、李珍珍、黄　雪、
　　　　　　耿一睿、刘国锋、王　芸、
　　　　　　王　宁、余　洋、王　鑫
编写分工：第一章　李　丁、苗　红、
　　　　　　　　　冶建明
　　　　　第二章　李　丁
　　　　　第三章　苗　红
　　　　　第四章　冶建明
　　　　　第五章　李　丁、苗　红、
　　　　　　　　　冶建明

《滨海传统村落》

编委会主任：裴　丹
编委会成员：黄丽华、严琳霞、李丹洋、
　　　　　　尚珍宇
编写分工：第一章　裴　丹
　　　　　第二章　裴　丹
　　　　　第三章　尚珍宇、裴　丹
　　　　　第四章　李丹洋、严琳霞、
　　　　　　　　　裴　丹
　　　　　第五章　黄丽华、严琳霞、
　　　　　　　　　李丹洋、裴　丹
　　　　　第六章　严琳霞、裴　丹

《黄淮海传统村落》

编委会主任：邢慧斌
编委会成员：魏云刚、孙庆久、佟　薇、
　　　　　　吴　军、马　晓
编写分工：第一章　佟　薇、邢慧斌
　　　　　第二章　孙庆久、邢慧斌
　　　　　第三章　马　晓、邢慧斌
　　　　　第四章　魏云刚、邢慧斌
　　　　　第五章　吴　军、邢慧斌

《巴蜀传统村落》

编委会主任：刘小方、李小波
编委会成员：纪凤仪、冯祉烨、王晓文
编写分工：第一章　冯祉烨、刘小方、
　　　　　　　　　李小波
　　　　　第二章　冯祉烨
　　　　　第三章　刘小方、冯祉烨
　　　　　第四章　纪凤仪

《藏蒙传统村落》

编委会主任：朱普选
编委会成员：明庆中、梁旺兵、曾　谦、
　　　　　　琼　达、罗赞敏、黄　丽、
　　　　　　尚前浪、先　巴、秦　旭、
　　　　　　李　凡、阿荣娜、肖卫东、
　　　　　　史家铭、达　桑、慈尚普、
　　　　　　蒋其平
编写分工：第一章　朱普选
　　　　　第二章　琼　达、肖卫东、
　　　　　　　　　史家铭、达　桑、
　　　　　　　　　慈尚普、蒋其平
　　　　　第三章　罗赞敏、先　巴
　　　　　第四章　梁旺兵、秦　旭
　　　　　第五章　黄　丽
　　　　　第六章　尚前浪、李　凡、
　　　　　　　　　明庆中
　　　　　第七章　曾　谦、阿荣娜

《东南传统村落》

编委会主任：吴荣华、王国栋、郑庆之、
　　　　　　黄丽华
编委会成员：叶乃齐、冯仕晏、曾健鹏、
　　　　　　陈秋晓、邓冰蓉
编写分工：第一章　王国栋
　　　　　第二章　王国栋
　　　　　第三章　郑庆之
　　　　　第四章　吴荣华
　　　　　第五章　吴荣华、王国栋、
　　　　　　　　　黄丽华
　　　　　第六章　吴荣华、王国栋、
　　　　　　　　　黄丽华

《江淮传统村落》

吴小伟　编著

致谢

林丽琴、姜丽黎、宋尚周、谢冶凤、王梦婷、王定镇、王　琳、周爱清、陈建茂、于小强

序言
PREFACE

　　进入二十一世纪的中国，城市化进程发展十分迅速。城市化脚步之快，快过了这个社会的思考的速度。在这样一种背景下，大量的农业人口进城，大量的乡村"空心化"，伴随着相当长的一个时期内地方发展对土地财政的严重依赖，在村集体所有制的宅基地制度基础上农民对乡村规划建设的弱势地位，以及其他一些社会经济和文化原因，导致了中国传统村落大片大片消失。正如一大批分布于全国各地，从事各行各业，痛惜于传统村落的快速消亡，钟情于怀念美丽田园生活里的梦幻童年，致力于利用各种方式抢救濒于困境的故土，投身于丰富多姿的乡村文化遗产研究领域的人们一样，五六年前我们几个志同道合的小伙伴，清华大学建筑学院的罗德胤副教授，北京大学俞孔坚教授的学生、古村之友发起人汤敏硕士，浙江桐乡乌镇和北京古北水镇主理人陈向宏先生，发起成立了古村镇大会，并分别在浙江乌镇、山东滨州、北京古北水镇和山西碛口古镇，召开了四次古村镇大会。在办会过程中，几位会议创办人提起了组织编辑出版一套古村研究丛书的想法，这一想法得到了深圳海天出版社的支持，申报了"十三五"出版规划，并顺利获得批准立项。

这套丛书的框架相当庞大，初步设想包括文化区系列、物质文化系列和非物质文化系列。这么庞大的系列，组织起来难度可想而知。为了增强组织和编写力量，我们又邀请了复旦大学中国历史地理研究所所长张晓虹教授加盟。目前推出的十五册，仅是其中第一辑文化区系列。

为什么要从文化区视角组织第一辑系列丛书？这主要基于中国传统村落形成发展于中国广袤的国土、悠久的历史、多民族共融的文化视角的考虑。

从自然地理角度看，中国南北横跨热带、亚热带和温带三个气候地带，东西纵盖60多个经度，具有东部滨海平原、中部山地高原盆地、西部干旱沙漠和高寒山地高原等多种地貌形态，海拔高度又具有从海平面以下数百米到世界屋脊最高峰8848.86米的最大高差形成的垂直气候带和植被带。在这么广阔、多样的自然地理条件下形成的村落，必然呈现出世界上最为丰富的聚落景观和文化形态。

此外，动辄数千年的悠久历史和历史上波澜壮阔的人口迁移与融合，又为传统村落打上了深厚文化底蕴和丰富民族特色的烙印。

基于以上几个条件，实际上，文化区系列的传统村落，从一个较为宏观的层面，而非村落本身，更非民居建筑单体，来呈现和传承中国灿烂多姿的乡村文明画卷。

第一辑文化区系列的传统村落板块，除了第一册《中国传统村落概论》综述其概，其余十四册基本上放在特定文化区的概述、物质文化、非物质文化，以及传统村落文化保护与旅游活化这样一个基本结构内阐述。其中绝大多数分册表述的是一个较为连续的地域单元，如中原、江淮、巴蜀、客家等文化区，这些文化区虽然具有基本上一致的身份认同，但具体绘制到地图上时，并非易事。

文化区属于一种人类认知的范畴，不仅难以提出统一准确的判别标准，而且即使有一些参数可供核准，但在不同的审视者眼里得到的评价结果也会存在不同。另外，人口迁移、现代化冲击和民族融合，也客观存在着两种甚至更多的文化融合，出现了一些所谓的文化叠合区域。例如，在讨论青藏高原时，可以把青海与西藏视为一个整体区域，但实际上青海除了藏蒙文化，在接近甘肃和新疆的部分，也还有相当多的西北文化。此外，在中原文化区与黄淮海文化区之间、中原文化区与江淮文化区之间、吴越文化区与徽州文化区之间，也都存在一定程度的文化叠合现象。

一般情况下，文化区应该是连续的地域空间，但也有个别情况比较特殊，一个是藏蒙文化，它是按照藏传佛教的分布特点来组织的，藏传佛教影响区的村落或集镇，都有围绕喇嘛庙而建设的特点，它们在空间上地域非常广大。另一个是滨海文化，它是按照临海居岛的地理特点来组织的，涉及中国一万多公里的海岸线，北面涉及黄渤海，中间是东海，南部是南海，这些绵长的海岸线和有人居住的岛屿上，形成的岛居海厝不仅独具一格，而且同样彰显中国自身的海洋文化。关于这一点，过去的传统村落研究，常常并未加以足够重视。

包括传统村落在内的文化景观具有丰富的多样性，区域多样性是其突出表现之一。这套丛书力图通过对进入官方视野、获得几个部委共同颁布的传统村落体系的乡村聚落为主要探讨对象的分析，来获得社会更加广泛的注意，让更多的机构和社会各阶层关注传统村落的传承和发展，唤起更多的部门和公众研究传统村落传承和发展过程中存在的政策、法规、理念与价值冲突，共同寻求其解决之道，为中国传统村落这一特殊文化景观的保护和长期发展贡献一份自己的力量。

吴必虎
2020 年 12 月 11 日
于北京大学逸夫二楼

目录
CONTENTS

第一章 中国海洋文化与滨海传统村落 001

第一节　中国海洋文化 / 002
　　一、蓝色文明——世界海洋文化的主色调 / 002
　　二、蓝黄交融——中国海洋文化的特点与价值 / 003
　　三、南重北轻——中国海洋文化的时空演化 / 004
　　四、再展宏图——中国海洋文化的未来 / 007

第二节　滨海传统村落 / 007
　　一、中国传统村落的文化遗产价值 / 007
　　二、滨海传统村落的数量和分布 / 009
　　三、滨海传统村落文化遗产的内涵与构成 / 010

第二章 滨海传统村落景观的形成 013

第一节　因海而生——陆海相依的自然基础 / 014

第二节　临海而居——自下而上的形成过程 / 016
　　一、靠海吃海的劳动生产方式 / 016
　　二、服务于生产生活的社会活动方式 / 017
　　三、带有深刻海洋烙印的精神生活 / 018

第三节　开放与封闭——自上而下的影响过程 / 023

第四节　流动与迁徙——内外交融的演化过程 / 025

第三章

黄渤海海域的滨海传统村落
029

第一节　物质文化景观 / 030
　　一、建筑景观 / 030
　　二、产业景观 / 041

第二节　非物质文化景观 / 044
　　一、风俗习惯 / 044
　　二、民间信仰 / 052
　　三、民间艺术 / 058

第三节　典型村落 / 063
　　一、桑岛村 / 063
　　二、青山村 / 067
　　三、东楮岛村 / 074
　　四、高家庄子 / 081

第四章

东海海域的滨海传统村落
091

第一节　物质文化景观 / 092
　　一、建筑景观 / 092
　　二、产业景观 / 103

第二节　非物质文化景观 / 106
　　一、风俗习惯 / 106
　　二、民间信仰 / 117
　　三、民间艺术 / 122

第三节　典型村落 / 127
　　一、青观顶村 / 127
　　二、松岐村 / 131
　　三、东山村 / 138
　　四、东沙村（社区）/ 146

第五章
南海海域的滨海传统村落
153

第一节　物质文化景观 / 155
　　一、建筑景观 / 155
　　二、产业景观 / 160

第二节　非物质文化景观 / 163
　　一、风俗习惯 / 163
　　二、民间信仰 / 171
　　三、民间艺术 / 176

第三节　典型村落 / 181
　　一、三卿村 / 181
　　二、白查村 / 185
　　三、大城所村 / 189
　　四、白龙村 / 191

第六章
滨海传统村落的保护与活化利用
199

第一节　滨海传统村落面临的威胁 / 200

第二节　滨海传统村落的保护与活化利用模式 / 203
　　一、滨海传统村落文化遗产的保护模式 / 203
　　二、滨海传统村落文化遗产的活化模式 / 207
　　三、不同模式的优缺点 / 210

第三节　滨海传统村落保护与活化的对策 / 211
  一、对滨海传统村落及其文化遗产进行调查整理和
    专门研究 / 211
  二、滨海传统村落文化遗产的保护和活化应保持其
    原真性和完整性 / 212
  三、加强滨海传统村落文化遗产的活态化保护与传承 / 212
  四、坚持保护开发与社会经济发展相协调 / 213
  五、加强滨海传统村落保护领域的多重主体合作 / 214
  六、建立滨海传统村落保护与发展的体制机制 / 215

参考文献 / 217

附录：滨海传统村落名单 / 220

后记 / 227

中国传统村落
文化抢救与研究
文化区系列

Chinese Traditional Villages

第一章

中国海洋文化与滨海传统村落

第一节
中国海洋文化

一、蓝色文明——世界海洋文化的主色调

全球海洋的总面积为3.62亿平方千米，占地球表面积的71%。人类在数千年的文明发展史中，创造了丰富灿烂的海洋文化，是人类文明发展中至关重要的蓝色篇章。海洋影响着滨海地区的气候条件和生存环境，从而在漫长的历史中逐渐形成了人类与之适应的生产生活方式，影响着人类的聚落、衣食住行、婚丧嫁娶，乃至人类的观念、信仰、思维方式和审美情趣。海洋文化，作为人类文化的一个重要构成部分，是人类在认识、开发、利用海洋，调整人与海洋的关系的社会实践中形成的精神成果和物质成果的总和。

海洋文化是人类缘于海洋而发展创造的文化，就内质结构而言，它具有涉海性；就运作机制而言，它具有外向的辐射性与对外的交流性，即异域异质文化之间的跨海联动性和互动性；就价值取向而言，它具有商业性和慕利性；就历史形态而言，它具有开拓性和拓展性；就社会机制而言，它具有社会组织的行业性和政治形态的民主性；就哲学与审美蕴含而言，它具有生命的本然性和壮美性。总之，由对外性、互动性、商业性、开拓性等诸多特性构成的"蓝色文明"即世界海洋文化的主色调。

二、蓝黄交融——中国海洋文化的特点与价值

中国有1.8万多千米的大陆海岸线（尚不包括岛屿的海岸线），然而，黑格尔曾说："古代中国、印度和巴比伦都发展了耕种。但这些耕种的人仍然闭关自守，没有分享到海洋文明。无论他们的航海发展到怎样，都没有影响到他们的文化。"这或许是因为，虽然中国滨海地区也产生了丰富的海洋文化，但与西方相比，二者的内涵迥然不同。相较于西方海洋文化的"蓝色"，中国的海洋文化是"蓝色"海洋性与"黄色"内陆性交织的产物，具有"蓝黄交融"的特点。

现代历史学家钱穆先生将人类文化大致分为三种类型，即游牧文化、农耕文化和商业文化，并指出游牧文化发源在高寒的草原地带，农耕文化发源在河流灌溉的平原，商业文化发源在滨海地带以及近海岛屿。他认为游牧文化和商业文化流动、进取，农耕文化静定、保守，而中国文化自始至终是建筑在农业上的，其本质是彻头彻尾的农业文化。但是，中国并非没有海洋文化，勤劳勇敢的中华民族在这块土地上创造的中华文明，既有大陆文明的传统，也包含了海洋文明的基因，只是以另一种独特的面貌呈现。当我们比较中西方海洋文化史的时候，可以清晰地看到二者的差异。世界上典型的海洋文化的创造主体没有足够可供农耕的土地，贸易成为他们主要的生活生产方式，开放进取、冒险、流动、闯荡、慕利、自由、竞争、浪漫、刺激等是其主要精神特征。中国地大物博，悠久的内陆农耕文明和东南沿海的海洋文明之间交织碰撞，有广袤的内陆地区腹地作为依托，产生了异于西方的中国海洋文明。中国的郑和下西洋比西方大航海早了将近一个世纪，中国的航海条件和能力远胜

于当时的西方，但是郑和下西洋却远没有像西方大航海时代那样创造出"地理大发现"的奇迹。中国自秦汉时期就已开辟了"海上丝绸之路"，此后千百年间陆续将四大发明等传入海外各国，让世界各文明古国通过海上大动脉串联在了一起。然而中国自始至终都不曾像西方殖民者那样以掠夺资源为目的，而是始终奉行和平友好交流的原则。正如著名海洋文化学者曲金良教授所归纳的：在对待海外交通上，中国的海洋文化传统不重视对海外未知世界的探索发现；在对待异国、异族上，中国重在怀柔、安抚，只希望相安无事，而不以掠夺开发、殖民占领为目的；在对待海上丝绸之路上，中国重在互通有无，利义兼之，不追求掠夺性的暴力加暴利性的贸易。

长期以来，人们一直以西方海洋文化为海洋文化的典型形态，但中西方在海洋文化上的差异从某种角度上来看，恰恰凸显了中国海洋文化的独特性。负陆面海的地理环境使华夏先民早在远古时代就与浩瀚的大海有着广泛的接触，并在这一过程中初步认识了海洋，利用海洋来创造自己的独特历史。因此，海洋文化是中华文化中不可忽视的重要构成内容。

三、南重北轻——中国海洋文化的时空演化

中国古代经中亚通往南亚、西亚以及欧洲、北非的陆上贸易通道，因大量丝和丝织品多经此路西运，被称为"丝绸之路"。后来法国汉学家沙畹在《西突厥史料》中提道"丝路有陆、海二道"，由此又有了"海上丝绸之路"之称谓。海上丝绸之路，是古代中国与外国交通贸易和文化交往的海上通道，从其发展演变中可窥见中

国海洋文化的时空演化特征。

海上丝绸之路包括东海航线和南海航线，东海航线主要前往日本列岛和朝鲜半岛，南海航线主要前往东南亚及印度洋地区。

早在春秋时期，齐国就开辟了从山东半岛沿海起航，东通朝鲜半岛的东方海上通路，开了政府倡导和组织海外贸易的先河。至秦代，徐福之行拓展了东方海上丝绸之路，从山东半岛起航到朝鲜半岛，再由朝鲜半岛南下至日本列岛。汉代至隋唐时期，东方海上丝绸之路一直通畅；从唐初开始，随着航海技术的提高，又增加了从山东半岛及江浙沿海一带横渡黄海直达朝鲜半岛南部或日本的航路。盛唐时期，东亚诸国派遣的朝贡使团以及民间商团络绎不绝。北宋至明清时期，由于受到战事和海禁的影响，东方海上丝绸之路沿线的民间海上贸易受到严重干扰和阻塞。明清以来，东部黄海、渤海沿海一带作为京津门户，为防倭寇及外敌入侵，首先关上了对外贸易的大门。这条开辟于春秋时期的东方海上丝绸之路逐渐淡出人们的视野。

在中国的南海，先秦时期，岭南先民已经穿梭于南中国海及南太平洋沿岸及其岛屿，为南海海上丝绸之路的形成奠定了基础。东汉时期（特别是后期），大秦（罗马帝国）第一次由海路到达广州进行贸易，中国带有官方性质的商人也到达了罗马，这标志着横贯亚、非、欧三大洲，真正意义上的海上丝绸之路正式形成。两汉时期，由于中国版图扩张到了今东南亚的部分地区，政府为此加强了对海上丝绸之路沿海港市的管理。此时，出现了一些比较重要的商业城市，例如番禺、徐闻、合浦（今合浦附近）、龙编（今越南河内）、广信（今梧州）、布山（今贵港）和桂林等。东晋时期，广州成为海上丝绸之路的起点，对外贸易涉及15个国家和地区。至唐代，海上丝绸之路进一步繁盛，海上交通北通高丽、新罗、日本，南通东南亚、印度、波斯诸国和地区，从广州出发往西南航行的海上丝绸之路，经过90多个国家和地区，是8至9世纪世界上最长的远洋航线。宋元时期，海上丝绸之路持续发展。至明代，海上丝绸之路的航线已扩展至全球，向西航行的郑和七下西洋（1405—1433），是由明朝政府组织的大规模航海活动，曾到达亚洲、非洲的39个国家和地区；向东航行的"广州—拉丁美洲航线"（1575）由广州起航，经澳门出海，向东南航行至菲律宾马尼拉港，继而穿越圣贝纳迪诺海峡进入太平洋，东行到达墨西哥西海岸的阿卡普尔科和秘鲁的利马市。这样，始于汉代的海上丝绸之路，经唐、宋、元日趋发达，迄于明代，达到高峰。在明代诸多航线的基础上，清代又开辟了北美洲航线、俄罗斯航线和大洋洲航线等。清政府在粤、闽、浙、苏4省设立海关，成为中国近代海关制度的开端，随着海上丝绸之路的发展，许多国家逐渐在中国设立商馆。鸦片战争后，中国海权沦丧于列强之手，从此，海上丝绸之路逐渐走向衰落，这种状况一直延续至整个民国时期。

从海上丝绸之路的历史演变和空间布局来看，宋元以来，随着中国经济重心南移东倾的趋势越来越强，海洋文化重心南移的趋势也越来越明显，呈现出鲜明的南重北轻的区域性特征。至明清时期，中国北部沿海地区的社会经济发展处于相对迟滞状态，在全国经济中的比重日益下降，北方海洋文化在整体态势上已很难望南方之项背，而南方尤其是闽越地区则成为中国海洋文化的集中代表。

四、再展宏图——中国海洋文化的未来

海洋是人类生存和可持续发展的共同空间和宝贵财富。随着经济全球化和区域经济一体化的进一步发展，以海洋为载体和纽带的市场、技术、信息等合作日益紧密，发展蓝色经济逐步成为国际共识。21世纪被认为是"海洋世纪"，一个更加注重和依赖海上合作与发展的时代已经到来。

2013年，中国政府首次提出"一带一路"合作倡议，沿线国家的文化交流和区域合作被提升到新的高度，中国海洋经济对外开放程度达到史无前例的高度。中国海洋文化的崭新形象，将与五千年深厚灿烂的人海共存的文化相融合，重新走进世界人民的视野。在这个过程中，重新认识中国海洋传统文化发展模式和特点，并挖掘和发现其现代价值，对延续中国海洋文化的生命活力至关重要。

第二节 滨海传统村落

一、中国传统村落的文化遗产价值

曾任中国民间文艺家协会主席的冯骥才先生这样说过："中华民族最久远绵长的根不在城市中，而是深深扎根在古村里。中国最大的物质文化与非物质文化遗产的复合和总合是古村落。"

我国传统文化的根基在农村,每个村落都是一个巨大的文化库,大量村落保留着丰富多彩的文化遗产,千百年来,传统村落穿越历史较好地保存到现代,显示了其强大的文化生命力,是体现中华民族传统文明的重要载体。一方面,村落选址常常具有传统特色和地方代表性,反映特定历史文化背景;村落建设以及乡村建筑利用自然环境条件,因地制宜,与当地传统生产和生活方式相适应,具有鲜明的地方文化特色。无论是古代还是近代村落的选址和变迁、古寨墙屯堡的建造、整体格局、街巷系统、各类传统建筑和设施,以及与其相互依存的自然景观和环境,等等,都饱含着早已逝去的岁月遗存,留给我们珍贵的丰富信息,成为诠释历史的鲜活见证。另一方面,村落中有着极其丰富的非物质精神文化遗产,包括生产习俗、生活习俗、商贸民俗、节日习俗、信仰民俗,还有民间的戏剧、音乐、舞蹈、故事、歌谣、歇后语,以及各种手工技艺等。这些记载着丰富的民间乡土文化的村落中,有不少形成时间较早,拥有较丰富的传统资源,具有一定的历史、文化、科学、艺术、社会、经济价值,应予以保护。

2012年12月,住建部、文化部、财政部联合颁布了《关于加强传统村落保护发展工作的指导意见》,内容包括:充分认识传统村落保护发展的重要性和必要性,明确基本原则和任务,继续做好传统村落调查,建立传统村落名录制度,推动保护发展规划编制实施,保护传承文化遗产,改善村落生产生活条件,加强支持和指导,加强监督管理,落实各级责任,加强宣传教育。同月,住建部、文化部、财政部公布了第一批(646个)入选中国传统村落名录的村落名单,随后两年继续开展传统村落的申报和认定工作,截至2017年,已有四批共4153个村落被纳入保护名录。

越来越多的人意识到，传统村落属于文化遗产，是一种不可再生的珍贵资源，其重要的文化价值已越来越被更多人发现和重视，在历史文化名村保护体系的基础上，近几年开展的传统村落的申报、认定和财政支持使得其保护工作进入了前所未有的高速发展时期。

二、滨海传统村落的数量和分布

本书对滨海传统村落的概念界定是：被列入前四批中国传统村落名录，且位于滨海区县的传统村落。我国虽然海岛数量众多，但有人岛数量有限，传统文化延续保留较好的海岛村落数量更为有限，而沿海地区的村落在自然环境、发展影响因素等方面和海岛都有类似之处，故本书将海岛与沿海地区传统村落一并论述，合称为"滨海传统村落"。

据统计，入选中国传统村落的四批次村落共计4153个，其中也有一些村落身兼上述双重身份。在这两类历史价值突出的传统村落中，搜索位于沿海省份的滨海区县的村落，结果显示：位于滨海区县的村落共有185个，占上述历史村落总数量的比重仅约为4%。

从地理位置来看，位于海岛（不包括海南岛）的村落共有13个，处于滨海区县的村落有172个，其中约有一半的滨海村落与海岸线的距离在10千米以内，约有三分之一的滨海村落与海岸线的距离在5千米以内。

从海域分布上来看，绝大多数村落分布于东海、南海海域，渤海、黄海海域数量较少。

表 1-1　滨海传统村落的海域分布

海域	渤海	黄海	东海	南海	合计
数量	7	10	86	82	185

从省域分布来看，浙江、福建、广东、海南具有较多的滨海传统村落，其次是山东，其他省份较少。由于数据来源为官方公布的中国传统村落名录，未包含香港、澳门和台湾，在本书中对上述地区暂不专门论述。

三、滨海传统村落文化遗产的内涵与构成

我国幅员辽阔，在不同地域、不同历史时期形成的传统村落，由于所在地的水文地质、气候条件、建筑材料、建造工艺，以及传统文化、地域文化、民族文化和宗教信仰等方面存在着很大差异，传统村落的风貌也各有不同。内陆和沿海的村落大都是以聚落为集合，以宗族、宗教为精神支柱，但在外在的生活方式或者表现形式上却有着诸多的不同之处。例如因为海岛和沿海地理位置的重要性，衍生了卫所形式的村寨；因为"靠海吃海"而带来独特的渔盐生产技艺；因为海洋渔业的重要性而产生独特的节庆习俗、言语禁忌和手工技艺；同时这些独特的海洋性活动还催生了特殊而重要的海洋文化，例如包括妈祖、龙王、仙姑、赶鱼郎在内的特殊的宗教信仰。滨海传统村落是我国传统村落大家庭中的重要组成部分，是我国海洋文化的独特代表。虽然数量不多，但因海而生、靠海而活，显现

出与内陆传统村落迥异的海洋文化特色，抑或是海洋文化和内陆文化交融的独特风格，具有不可忽略、不可取代的价值。

滨海传统村落物质文化遗产涵盖村落内的文物、建筑群和文化遗址。这些物质文化遗产，构成了传统村落中的聚落景观、产业景观和设施景观，具体表现包括反映村落历史风貌、构成村落特征的要素，如塔桥亭阁、井泉沟渠、壕沟寨墙、堤坝涵洞、石阶铺地、码头驳岸、碑幢刻石、庭院园林、古树名木以及传统产业遗存，历史上建造的用于生产、消防、防盗、防御的特殊设施等。例如，胶东地区的海草房，福建平潭岛的石厝，海南岛的船屋和火山岩民居，数不清的海防卫所，绵延千里的防潮海塘，都是兼具海洋特色和地方特点的典型物质文化遗产。

滨海传统村落非物质文化遗产包含生活生产习俗、民间艺术、民间信仰、口头非物质文化等。其中，生活生产习俗包括衣食住行、婚丧嫁娶、节日习俗、生产习俗、社会组织方式等。这些非物质文化遗产，虽然看似无法捉摸，但是对于滨海传统村落中最重要的文化内涵来说却是极其重要的，勾勒出沿海民众的生活方式、情感与信仰。

中国传统村落
文化抢救与研究

文化区系列

第二章

Chinese Traditional Villages
村落

滨海传统村落
景观的形成

第一节
因海而生——陆海相依的自然基础

中国既是一个陆地国家,又是一个海洋国家,拥有 1.8 万多千米的大陆海岸线,约 37 万平方千米的领海,管辖海域面积约 300 万平方千米,约相当于 960 万平方千米陆地领土的三分之一。中国位于中、低纬度地区,纵跨寒温带、中温带、暖温带、亚热带、热带及高原气候带等多个温度带,具有海岸滩涂生态系统和河口、湿地、海岛、红树林、珊瑚礁、上升流及大洋等多种生态系统,具有非常优越的自然环境和资源条件。

在浩瀚的中国海域,分布着大大小小无数个岛屿,总面积约 7.3 万平方千米,约占陆地总面积的 0.76%。根据《联合国海洋法公约》,岛屿是指四面环水并在高潮时高于水面的自然形成的陆地区域。从海岛面积来看,环绕中国大陆分布着 7000 多个面积超过 500 平方米的岛屿,其中台湾岛面积最大,约 3.58 万平方千米;海南岛面积位居第二,约 3.39 万平方千米;其他海岛均为小岛,面积在 100 平方千米以上的海岛仅有 15 个。从人口规模来看,散布在各个海域的 1 万多个岛屿中,有常住人口的海岛不足 500 个,整体上呈现出人口高度聚集的特点,其中台湾岛人口最多,其次为海南岛,其他人口较多的海岛多分布在浙江和福建两省。从地质构造来看,我国海岛离岸近,基本构架受大陆地质地貌控制,多数海岛是陆地向海的延伸,大陆岛为 6477 个,占全国海岛总数的 93%。从地理分布上看,中国海岛分布从北到南跨 38 个纬度,分布最北的岛屿是位于渤海辽东湾的小笔架山岛，分布最南的海岛群为南沙群岛。总体分布大势是：位于渤海海峡的庙岛群岛，北海、黄海海域的长山群岛、石城岛、大鹿岛等，东海的舟山群岛、玉环岛、洞头列岛、福建平潭诸岛、东山岛、台湾岛及包括钓鱼岛在内的附属岛屿，南海海域的广东沿海岛群、海南岛以及南海中的东沙群岛、中沙群岛、西沙群岛和南沙群岛等。

自北往南，我国近海有渤海、黄海、东海、南海和台湾以东太平洋海区等五大海区。渤海有北海之称，它是中国的内海，一个三面被陆地包围的半封闭海，海域面积7万多平方千米，海岸线总长3000多千米，海水平均深度约18米。宽约110千米的渤海海峡口是京津地区的海上门户。黄海位于中国大陆和朝鲜半岛之间，是一个半封闭的大陆架浅海，因海水含沙量高而得名，面积约38万平方千米，海水平均深度约44米，北部和西部与我国大陆相连，东临朝鲜半岛，南接东海。东海是西太平洋边缘海之一，濒临中国的沪、浙、闽、台四省市，面积约77万平方千米，海水平均深度约370米，无论是面积还是深度都大大超过了渤海和黄海。南海位于西太平洋的南端，面积约350万平方千米，水深海阔，整个深海盆地几乎被大陆、半岛和岛屿所包围。

本书自第三章起，将以海区为单位着重介绍渤海、黄海、东海、南海这四大海区的滨海传统村落文化遗产。因滨海传统村落在数量和分布上有北疏南密的趋势，渤海、黄海海区传统村落数量较少，且区域相邻、文化相似，为了使各章节内容体量均衡，故将渤海、黄海海区合并为一章论述。

第二节
临海而居——自下而上的形成过程

一、靠海吃海的劳动生产方式

人类靠海吃海，早在远古时代，各种各样的海洋开发活动就开始了。

海洋捕捞是沿海百姓最早的经济活动与产业，渔民是沿海百姓中规模最大的群体。我国四大海域跨越温带与热带，加上寒暖流交汇，海洋渔场区域广阔，鱼类资源丰富。在石器时代，生活在沿海地区的先民就开始向海洋索取生活资源，如采拾蛤、蚝等贝类，或以捕鱼为生。夏商周时期，人们已能捕获大鱼。秦汉时期，常用的船只载重量可达2吨至30吨。到了宋代，海洋渔民人数出现很大的增长，特别是浙闽二省成了海洋渔业较为发达的地区。明清时期，我国海洋渔业发展到了高峰，几乎今天所有的沿海渔场在当时都得到了开发。

中国自古盐业发达，且以海洋盐业为主，海洋盐业一直占据着中国盐业的大半个天下。数千年来，沿海各地都设有大量盐场，生活着世世代代以煮盐、晒盐为业的盐民。因此，盐业也是沿海地区的重要产业。

除此之外，由于大陆和沿海地区的经济互补性很强，带动了商品交换和对内对外贸易的发展，此时，规模巨大的海商群体开始出现。他们一方面进行着国内的南北海上运输和贸易，把海产品和各地物产运销四面八方；另一方面进行着海外交通和对外贸易，是创造、连接、发展"海上丝绸之路"的使者。

渔业、盐业、水运业、海商业等，自然而然地成了生活在滨海地区的人们从事的生产活动，这是他们的立身生存之本，更影响着他们的社会生活以及精神生活。

二、服务于生产生活的社会活动方式

在靠海吃海的生产生活模式下，自然而然地形成了独具特色的社会民俗生活方式，包括衣食住行、劳作习俗、婚丧嫁娶、节日形式、行业帮会制度等。中国的海洋民俗生活方式与农耕社会有着密切的联系和共通性，同时又有着鲜明的海洋特性。

就拿服饰来说，沿海渔民及从事海上运输的人们与内陆从事农业生产的人们相比，在服饰的用料、款式等方面，区别十分显著。特别是在热带沿海地区，服饰一般以"少""露"为特点，在北方温带和寒温带的沿海地区，服饰则较多较厚，也以宽大松、易穿易脱为特点，方便他们海上劳作。

就民居建筑而言，其用料和结构也与内地有显著差异，比如山东一带沿海地区的海草房、多处可见的火山岩石屋等，充分利用了沿海地区的环境条件和自然材料，以适应沿海地区特有的气候条件。建筑的装饰相较于内地也有差异，出现龙、鱼、船、锚等象征装饰，体现海洋社会的特色。中国东南沿海的"疍民"以船为屋，终年漂于海上，更是独具特色。

就海洋民俗生活的制度而言，包括海上作业制度、婚丧嫁娶、节日形式、行业帮会制度，以及更为普遍广泛的日常生活制度等，大多自然而然地形成，不用制定明文规定，人们会在潜移默化中自觉地认可和遵守，具有鲜明的涉海特点。例如，各地渔民出海之前都有不同的仪式，祭祀、送行、驱邪，等等，都是为了祈求平安和丰收。为了确保安全高效地捕捞，应对海洋变幻莫测的环境，海上生产有着严格的组织规则，例如谁上船谁不上船，船老大与船工的职能和作业都有严格的讲究。

三、带有深刻海洋烙印的精神生活

（一）从经验到知识

认识海洋，并掌握与海洋相关的知识和技术，是滨海以及海岛劳动人民得以发展繁衍的重要基础。中华民族的先民早在远古时期便已从事各种海洋实践活动，并在这一过程中不断丰富和发展了对海洋的认识。

早在远古时期，中国的沿海居民就已将海洋生物作为资源，既作食用，又作装饰。随着时间推移，人们对海洋生物的习性、特征、用途、养殖方法等了解得越来越深。《神农本草经》《黄帝内经》《本草纲目》中都已记载了有关海洋生物的药用价值，三国时期的《临海异物志》、明代的《异鱼图赞》等记录了大量形态各异的海洋生物及其生态习性，明代的《种鱼经》记述了海洋鱼类的养殖方法。这些海洋知识和方法既帮助人类利用海洋生物来满足自身对食物、药物的需求，也使得在沿海聚居的人类可以与海洋生物和平共处。

古代中国人对海洋地貌、水文、潮汐等知识的积累，对沿海地区的发展也至关重要。大量渔民、水手的海洋活动，以及数次越洋东渡积累的经验，加深了人们对海洋的认知。明清时期的《两种海道针经》（包括约成书于明中叶的《顺风相送》和成书于清初的《指南正法》）记载了海洋天文、气象的观测方法，地文、水文的航路指南，以及航行操纵与仪器使用；成书于18世纪的《海国闻见录》记述了中外海洋地理风貌、水温、航运等诸多问题；明代的《郑和航海图》绘制了中外岛屿800余个，并区分出11种地貌类型。正是有了这些海洋科学知识做基础，才促进了由海向外的文化探索和交流，从而深刻影响了沿海地区的文化特征。

在认识海洋自然条件的基础上，人们又开始探索适应环境的对策。一个典型的代表是，中国沿海特别是东南沿海，人们在观察海岸地貌和风暴潮灾的基础上，通过修筑海塘以防潮灾。人们在出海口处修建潮闸，既防咸潮，又截留淡水，以资灌溉，建造了沿海岸线布局的规模宏大的水利设施。明清时，已有针对海潮的专门著作，如明代翟均廉的《海塘录》和清代方观承的《敕修两浙海塘通志》等，鲜明地反映出河口地貌和海岸地貌的形态，并采用立体画法，相当逼真。

正是在漫长的与海共生的劳动实践中，劳动人民的经验逐渐积累凝练为知识，为人类相关的生产、生活活动创造了条件，构筑了人类适应海洋、利用海洋、征服海洋的理性基础，是我国海洋文化形成和发展不可或缺的精神财富。

（二）从观念到信仰

自从人类出现之后，人类就按照自己的形象和希冀，创造神话，继而创造了神。海上气候变化万千，一叶小舟如沧海一粟，在威力无比的海洋世界面前，人类显得何其渺小，于是寄希望于神灵保护，便是很自然的事情了。与从事农业的人们相比，古代从事海洋活动的人们对神灵的祭祀更加频繁和虔诚。凡与海有关的神灵，沿海居民都事之甚谨，恭敬膜拜。

我国主要海神信仰的兴起，大致经历了从人面鸟身的早期海神到四海海神、海龙王、妈祖、地方海神和专业海神的历史发展过程。远古时代，华夏先民已对大海产生了崇拜，但尚未形成具体的神灵形象。周代，"四海之神"开始具体化、形象化，《山海经》中记载了东、西、南、北海之神。到了汉代，海神形象被人格化，还配上了夫人，人们对海神世界有了更多的想象。隋唐时期，朝廷开始册封四海之神为王公；佛道盛行，观音开始由男性演变为女性，广受信奉；龙王被创造出来，开始在民间流行，并逐渐被人们重视和崇拜。宋初，福建莆田湄洲岛上诞生了妈祖信仰，并广泛传播，成为沿海地区最重要的信仰之一。明清时期，由于民间海洋贸易的发展，许多内陆地区的保护神出现了海洋化趋势，比如信奉关帝、土地公等。

这其中，妈祖信仰可谓是影响最为深远的海洋信俗。据《闽书》记载："妈祖姓林名默，福建省莆田市湄洲岛人，为宋闽都巡检林源的第六个女儿。"她生于宋建隆元年（960）农历三月二十三，卒于宋雍熙四年（987）农历九月初九，在世28年。她不仅精研医理，帮百姓治病，还能未卜先知，引导人们避凶趋吉。据说她能预测天气,事先告知渔夫客商能否开航;又有极好的水性,救助海上渔民于危难之中,人呼"龙女"。因传闻她生前已有菩萨心肠和非凡神通,死后又屡屡显灵,救助遇难渔民,有求必应,故名气越来越大,被渔民尊为"妈祖",历代帝王又封她为"天妃""天后"直至"天上圣母"。妈祖热爱人民、见义勇为、扶危济困、无私奉献的高尚情操和英雄事迹,体现了中华民族的传统美德,形成一股巨大的精神力量,在中国沿海地区迅速传播,并随着大量侨民传播到海外。据统计,妈祖信俗已经传播到世界20多个国家和地区,在全球拥有妈祖庙6000多座,信众达2亿人。2009年,"妈祖信俗"被联合国教科文组织列入世界非物质文化遗产名录。

除了影响广泛的妈祖、龙王等海神之外,还有众多与海洋现象及捕捞生活相关的信仰神灵,以及地方性神灵,包括四海神、北帝神、伏波神、龙母、雷神、风神、潮神、船神、龙裤菩萨、晏公、肖公、雨仙、观音、八仙、水仙尊王、临水夫人、南溟夫人、秦始皇、南海圣王、礁神、网神、鱼神等。

伴随着信仰,各地普遍都有对海神、其他涉海神灵以及先祖的祭祀仪式。大海是渔民赖以生存的源泉,渔民出海捕鱼前要祭海,展现了渔民祈求平安的民俗传统,表达了渔民对大海的敬畏和感恩。海民要祭海,也因为海是他们祖先的归葬地,死在海上的人没有坟墓,后人便到海边祭奠,代代相传,直至今日。各地的祭海仪式成为海洋信仰文化的一道独特的风景线。

除了各种海洋特色鲜明的信仰之外,还有诸多与海洋相关的生活禁忌,比如吃饭时有什么讲究(如不能翻鱼),喝酒时有什么禁忌,在船上吃饭该怎么吃,就连在船上大小便也有讲究,很多禁忌甚至流传至今。这些禁忌不全是迷信,诸多禁忌的本质是生活在沿海地区的人们长年累月海上生活的经验结晶，是安全生产规则和生产技能的特殊传播方式，对于过着充满风险和不确定性的海上生活的人们来说，也是主要的心灵慰藉。

（三）从情感到艺术

海洋不仅是沿海人民的故乡，也是他们心灵与情感的寄托之处。

自古以来，诞生了无数神秘的海洋神话传说和文学作品，从《山海经》里关于海的神话以及奇闻逸事的传说，到《海内十洲记》中对海上仙山的幻想；从唐诗《春江花月夜》中"春江潮水连海平，海上明月共潮生"的名句，到元曲《张生煮海》里书生与龙王之女的爱情故事，都展现了人类对大海充满奇幻的想象，并把理想的生活寄托于大海。

丰富多彩的民间艺术，包括民间音乐、舞蹈、美术以及戏曲等，勾画出沿海人们的生活状态和精神风貌，例如舟山地区的锣鼓、渔歌、海洋号子、秧歌、渔民画等。

还有诸多口头非物质文化遍布在各个滨海传统村落当中，每个滨海传统村落都流传着代代相传的袅袅乡音、口头歌谣。人们凭借着自己内心深处的记忆，靠着这些曾经萦绕在耳边的乡音，或是当地婉转腔调的歌谣、铿锵节奏的号子、朗朗上口的谚语，把家乡融进内心最温柔的角落。

这些非物质文化遗产，寄托着沿海人民的生活情感，表现了具有海洋特色的艺术追求，是沿海地区人们精神生活的华丽篇章。

第三节
开放与封闭——自上而下的影响过程

在历史上，中国是一个典型的偏重内陆文化的国家，开海还是禁海，开放抑或封闭，统治阶级自上而下的海洋战略对海洋文化的发展产生了非常深刻的影响。

公元前 221 年，秦始皇经过多年的兼并战争，建立起中国历史上第一个统一的中央集权的封建国家。秦始皇曾四次东行巡海，足迹遍及江、浙、鲁、冀和辽西沿海各地，还曾派徐福两次东渡，不仅是为了求取神山仙药，也有早期海外发展、海外移民的色彩。汉武帝元鼎六年（前 111）设郡县于南越，南越成为当时海外贸易的中心。大批黄金和丝织品经过今天的越南、泰国、马来西亚、缅甸等地远航到印度洋东海岸的黄支国去换取珍珠、宝石等物产，然后从斯里兰卡途经新加坡返航，这是中国丝绸作为商品外传到上述国家的最早记录。岭南的海外交通和海外贸易迅速发展起来，海上丝绸之路由此闻名于世。秦汉时期海外交通的发展和海上丝绸之路的开辟，是中国人面向海洋、重视海洋的体现。

唐代是我国历史上较为强盛的朝代之一。唐高宗时下诏鼓励实行对外开放的贸易政策，并对外国贸易实行保护；唐玄宗时设立市舶使，唐代的海外贸易由此更加迅速地发展起来。宋元时期统治者的海洋观念意识在某种程度上较于唐代更为开放，从宋太祖开始一直到南宋，历代皇帝都重视海外贸易，实行鼓励对外开放的贸易政策，以一种主动出击的积极姿态向海外发展。唐宋时期统治者的开放意识和积极的海外贸易政策，促使秦汉以来开辟的海上丝绸之路有了进一步的延伸和拓展，也加深了中国人对海洋乃至整个外部世界的认识。到了元代，成吉思汗第一次打通了欧亚大陆的两端，从此"海上丝绸之路"走得更顺，泉州在元代成为世界第一大港。

元末长期的攻伐征战，使得社会经济遭到严重破坏。明太祖朱元璋为巩固统治政权的稳定，提倡以农立国的传统经济。在海外贸易政策上，明代一反唐、宋、元诸代鼓励开放的政策，自洪武初年（1368）就宣布海禁，加强官府对海外贸易的控制和垄断，也起到防倭寇和防止沿海居民勾结海外势力危及其统治的作用。明太祖朱元璋的开国禁海政策，到明成祖朱棣时发生了重大变化。明成祖积极发展与海外诸国的关系，从永乐三年（1405）起，他派遣郑和六下西洋，把明代开海远航的官方经营海洋活动推到盛况空前的境地。但实际上，"开海"并不彻底，更多的是为了获得海外各国对其统治地位的支持，稳定海疆，以及加强官方对海外贸易的垄断，"禁海"政策没有松动，仍然严格禁止私人海上贸易活动，之后的历朝也基本把"禁海"政策作为祖宗旧制而加以推行。

清代基本沿袭了明代统治者重农抑商、重陆轻海的政策。在禁海的同时又实行了迁界措施，试图在沿海与内陆之间形成一个无人区，以此杜绝陆海之间的往来。顺治十八年（1661），郑成功收复台湾后，清廷正式颁布迁界令。此后，康熙三年（1664）、康熙十八年（1679），先后进行了三次大规模的迁界移民，范围遍及山东、江苏、浙江、福建、广东五省的沿海地区，且以福建、广东推行迁界令最为严厉。

总的来看，中华民族在宋元以前基本上是一种比较开放的心态，与海洋结下不解之缘。但是，当西方世界的大航海时代来临之际，明清统治者却在张弛交替的禁海、开海与开海、迁界过程中，逐步从海洋上退缩。闭关锁国、防守为主的军事政策，重农抑商、自给自足的狭隘经济政策，夜郎自大的文化交流政策，自上而下地深刻影响了中华民族向海洋发展的步伐。

第四节
流动与迁徙——内外交融的演化过程

有了舟船，消除了自然环境的约束，人们可以利用"舟楫之便"进行水上的人口流动与迁徙，与此同时，必然发生的文化交流和物品交换，使得文化自然而然得以交融。海洋文化因此常常体现出其文化的开放性、国际性以及兼容性。

在我国不同的海域之间，有着悠久的人口迁移和文化交流的历史。中国考古界在与山东隔海相望的辽宁大台山和河南王庄寨遗址，相继发现了具有明显龙山文化特征的遗存，在大连皮子窝贝丘遗址中发现的陶器，与山东龙口贝丘遗址中的陶器风格非常相似，证明了龙山先民通过海上活动将龙山文化形态向辽东半岛传播的过程。近十余年来，在渤海、黄海的沿岸岛屿上陆续发现了距今6000多年前的龙山文化遗存。这些文化遗存证实，当时既有山东半岛先民向辽东半岛的跨海传播，又有辽东沿海的先民带着自己的文化向山东半岛的渡海漂航。与之类似，也有诸多证据说明主要分布在江、浙、闽、台、两广地区的百越文化，曾经向沿海地区传播和渡海传播。

从台湾发掘出土的石器、骨器和陶器，其形状和制作方法，都与大陆各地发掘出土的石器遗物特别类似。

陆地和海洋之间的人口迁移更加频繁，使得内陆和海洋文化交融互生。陆海人口迁移常常与历史上的"开海""禁海"政策有关。以舟山群岛为例，自宋室南渡后，政治、经济中心南移，明代至清初，朝廷曾三次令岛上居民大规模内迁。第一次是明洪武十九年（1386）朱元璋下旨将舟山46岛上的居民1.3万户、3.4万人全驱迁至浙东、浙西各州县，到清顺治六年（1649），明鲁王朱以海退守舟山，城内人口增至2万余人。第二次是清顺治十三年（1656），清廷以舟山不可守为由，再次实行海禁，迫使居民迁移内陆，到清顺治十五年（1658），郑成功率水师20万人进驻舟山，徙民纷纷迁回，但郑成功返回厦门后，顺治十八年（1661），清军再次遣浙东沿海居民入内地。第三次是康熙二十三年（1684）颁布"展海令"，召民开垦，此后移民来岛数量逐渐增多。

历史上还有大量的中国人移民海外，独特的侨乡文化对中外文化交流产生了非常重要的影响。中国人漂洋过海向海外移民，其足迹遍布世界各地，尤其是沿海国家。至唐代，旅居国外的中国人开始增多，他们大多从事中外文化交流、商业贸易与手工业活动，随着中国经济重心南移东倾，南方沿海地区逐渐成为海外移民的主要输出地。明代以来，受海禁政策的影响，以及沿海倭寇的骚扰，又迫使一部分沿海居民转为海外移民。16世纪之后，西方资本主义国家为了拓展商品贸易，竭力推进海外殖民政策，大量招募中国劳工。到鸦片战争前，中国海外移民人口增长迅速，总数已达100万至150万之多，遍布东南亚、东北亚各地。这些海外移民在世界各地逐渐增多，构成了一个个海外华人社会，不仅传承着中国传统文化和原乡乡俗，而且以强烈的怀乡恋土情结，与原籍"侨乡"建立和保持密切的关系。他们将中国传统文化带出海外的同时，也将海外的文化带回了侨乡，在无形之中扮演着中外文化交流的角色，使得我国沿海地带的文化充满了内外交融性。

第三章

黄渤海海域的滨海传统村落

中国传统村落文化抢救与研究

文化区系列

Chinese Traditional Villages

黄渤海海域自北向南经过我国辽宁、河北、天津、山东、江苏等地区，海域辽阔、海岸线曲折、海岛众多，千百年来的渔盐劳作和繁衍生息在这里形成了许多各具特色但又有相似之处的滨海渔村。随着时代的发展，许多渔村已经逐渐被城市取代，或者失去了往日的特色传统，但遗留下来的部分村落，让我们依然能够窥探黄渤海区域沧海桑田的变迁印记。

第一节
物质文化景观

一、建筑景观

（一）海草房

提起海草房，很多人会联想到山东荣成的海草房村落，其实，海草房是整个胶东地区原生态民居的代表。据考证，海草房最早出现在烟台市长岛县，之后在原烟台地区区划范围内以及胶莱河以东地区逐代延绵发展，包括古代登州府、莱州府区划范围。如今的海草房以威海地区的东楮岛、烟墩角等几个村落为主要分布地，目前村中仍有保存完好的传统海草房建筑。

海草房作为胶东地区独具一格的传统屋舍，在以石块为主垒砌的屋墙之上，有着质感蓬松、绷着渔网的屋顶，这种以海草为顶的古朴建筑宛如童话中的小屋一般。

1. 取自当地的建筑材料

海草房的基础材料包括花岗岩、海草、木料、贝草、芭条、麦秸等，都产自本地，其中主材是花岗岩和海草。本地所产的花岗岩色泽白中微红，质地坚硬，主要用于打地基和砌墙；海草是苫覆屋顶的主要材料，产自附近海域。海草房所用的木材也产自当地，这些木材根据不同的特性被用于制作房梁、擦杆、门窗等。贝草是一种长在山上、有竹节的草，主要用来做海草苫顶的筋骨。芭条是用高粱秸或苇草扎成的、铺在擦杆上做海草的基础。用海草苫屋顶时都要掺一些麦秸或贝草，每苫一层海草就要加一层麦秸，使其更加坚挺。从外观来看，较长的海草全部遮盖住了麦秸，只留下海草的肌理。这些产自本地甚至只有本地才生产的建材是形成海草房民居特色的一个重要因素。

2. 独有的海草来源

胶东半岛三面临海，当地居民很早就认识并利用了海洋资源，以海为生、靠海而活是沿海居民的生活特征。海洋的馈赠，为当地人带来了这一独特的房屋建筑材料，而当地交通不便的特殊地理位置，对这一建筑形式的形成也起到了促进作用。

海草房所用的海苔草是一种生长在温带和热带海域的单子叶植物，在海洋中的分布仅限于近岸浅水。海水的透明度是影响海草生长的重要因素，江苏及浙江沿海因海水透明度低，未有海草场分布，因此不具备营建海草房的基本原料。热带海草集中分布在广东、广西、海南岛等沿海一带，由于气候环境的差异，人们选择了不同的建筑材料或不同的营建方式,因此并未见海草房这一民居类型。环渤海及胶东半岛一带的海域虽分布有同属类的海草,但海草房的分布几乎都集中在渤海与黄海的分界线以东。这一点主要是因为海草材料获得的概率和数量不同。在过去,依靠季节性的风潮收集大量海草是营建房屋的一个重要环节,而渤海三面环陆,辽东半岛与山东半岛的环抱使其近乎成为一个半封闭型的内海,导致环内渤海西岸地区的风速普遍较小,很难出现大风潮将成片海草席卷上岸的情况。因此,海草作为建房材料并不易得,更难成为当地建房的普遍材料。有海草房民居集中分布的渤海海峡至山东半岛尖端的成山头

图 3-1
威海荣成东楮岛村
海草房屋顶特写
(图片来源:裴丹 摄)

一带，正是我国沿海的台风多发区，收集海草相对比较容易，且荣成境内的土壤并不适宜制瓦，海草便成为民间造房的普遍材料。到明代时，用海草建房的技术已经成熟，海草房数量逐渐增多。

海草房上用当地海苔草苫成屋顶，堆尖如垛，美观又实用。这些海草含有大量的卤和胶质，苫成的厚厚屋顶具有防虫蛀、防霉烂的特点，同时具有冬暖夏凉、居住舒适的特性，深受当地人喜爱。特有的三角形高脊大陡坡屋顶结构形式，具有鲜明的艺术个性。

3. 优美的结构布局

海草房民居以胶东最东端的荣成市现存最多。俚岛镇位于威海地区荣成东部的荣成湾，这是一个典型的古老渔岛村镇。由于经济发展缓慢，村落中的乡土景观得以保留。俚岛渔村中常见的住宅单元是以设有正房和厢房的三合院或四合院为基本形式的院落。院墙正中多设有门楼，大门方向随街巷的走向而定，房屋布置一般将堂屋设在正房中部，堂屋两侧布置卧室，厕所、储藏室等附属用房一般置于院内。一般每户有草顶正房一间，平顶厢房两间，合成一座三合院，较富裕的家庭则住在由两间草顶正房连排而成的两跨四合院。院落与院落之间既可以独立分隔，也可以联列成排，院落入口方向多变。由于受气候和材料的制约，一般建筑进深较短，院落占地较大，使得两个相邻院落之间的走道十分狭窄，在 1.2 米左右。院落之间的过渡与联系常常采取"过街门楼"的形式，不仅可以遮风挡雨，而且具有储藏功能。

海草房的屋顶正立面呈马鞍状弧形，三至五栋为一排，相邻两栋之间接山而连。从高处俯瞰，一排排屋脊曲线与波动的海浪、海岸线遥相呼应，统一了村落中形式多样的构成要素。在色彩上，建筑以灰色为主，辅以绿色，与大海的蓝色相衬，构成了质朴优美的画面。银灰色的屋顶、深灰褐色的墙体、土灰色的路面以及棕灰色的海滩，共同构成了整个村落的主色调，既变化多样，又和谐统一。

（二）卫所村寨

山东半岛深入黄渤海之中，海岸线曲折蜿蜒，与辽东半岛共同拱卫渤海内海，是一个较为完整的海陆地理单元，被称为历代"海上国门"的山东半岛自古便是滨海防御重镇。从秦始皇东巡海疆到汉唐时期渡海东征，再到蓬莱登州港的建立，都是胶东地区海防地位的体现。到了明朝初期，由于倭寇的大举进犯，山东沿海成了重灾区，为了抵抗外侮，明朝统治者在山东半岛东、南、北的滨海之地建立了一系列"卫""所"等组织完备的海疆防御体系。到了清朝时期，山东地区海上形势相对安稳，朝廷便于顺治年间开始着手撤销沿海卫所，部分士兵从军营出来后在附近安营扎寨，部分滨海村落便由此形成，如位于烟台招远的高家庄子，位于青岛即墨的雄崖所村、凤凰村等，其中雄崖所至今仍保留着卫所时期遗留的军事城墙以及残存的军营布局结构。

雄崖所村位于山东省青岛市即墨区东北方向约45千米处，地处丰城镇北7千米处的海滨，隶属于即墨区丰城镇。这里依山傍海，因村庄东北白马岛上的一块赭色断崖而得名"雄崖"。明洪武元年（1368），为抵御倭寇侵扰，朝廷在此设立鳌山卫统辖的守御千户所，当时称为"雄崖守御千户所"，故简称"雄崖所"。

600多年前的1388年，来自安徽、云南、江苏、河南等地的军户，携妻带子来到了这里。当年的军户姓氏集中，"一李双王陈韩

图 3-2
山东即墨雄崖所村牌坊
（图片来源：裴丹 摄）

陆"几大姓氏曾任雄崖所千户、副千户等。他们震慑了海上的倭寇，形成了百年无战事的良好局面。这也成为清雍正十二年（1734）政府裁撤雄崖所的理由。于是这些曾经的军户，彻底变成了专事农桑的农民，他们放下武器，拿起农具，渐渐繁衍为兴盛大族。现在村里有16个姓，原来曾有20多个姓。

雄崖所的所城原本为正方形，城墙周长2千米，两面均为砖砌，中间用黄土夯实。城的东西南北各有一门，门上建有门楼。城墙现已全部颓塌，仅余城东南尚存一段城墙残基。北城门曾名"还重门"，城门与城楼已于清乾隆年间倾圮。西城门是雄崖所的"峰巅"位置，地势陡峭，门外题额为"镇威"，城门内题额已失。南门外题额为"奉恩门"，内门题额为"迎薰"，城上建有楼阁，从建城之初至今一直为一座庙宇，现在仍享有香火。600多年风雨侵蚀，南门城楼塌陷多次，屡塌屡修，距今最近的一次塌陷发生在20世纪60年代初。

现在村中的东西、南北两条大街即为当年所城的主要街道。从雄崖所的南门——奉恩门进去，一条大道直通村北，一个东南西北布局十分整齐的村庄呈现在眼前，大部分房屋保留了"青砖小瓦石基"的建筑风格。这种传统军营般的村落结构，在其他类型的村庄很少见到，显示出卫所村寨的独特风格。

图 3-3　山东即墨雄崖所南门"奉恩门"以及贯穿南北的街道
（图片来源：裴丹 摄）

图 3-4　雄崖所村中的民房
（图片来源：裴丹 摄）

（三）商贾宅院

明清时期，山东半岛出现了一大批在全国范围内经商的商家巨贾，足迹遍布全国特别是中原。他们在囤积了大量资金之后，便回乡置地建房。许多明清以及民国时期的家族院落如今依然保存完好，静静地矗立在那里诉说着悠久的历史和曾经的辉煌。与胶东半岛的普通民居建筑不同的是，这些由外出经商的人们归来后建造的院落往往有着外地风情，如在被称为"招远小北京"的烟台招远高家庄子中，便有着京式风格的院落建筑群。目前，在山东半岛沿岸，便有着烟台的大涝洼、孟格庄，还有青岛的凤凰村等几个集聚了明清、近代民居建筑风格的村落，而被称为"上有苏杭下有蓬黄"的西河阳村，更是以精致实用的哈瓦房闻名。

所谓哈瓦房，是用龙口市诸由观镇的当地石材（当地一种黑色砖石，学名火山岩）垒砌主体，屋顶覆盖整齐的黑色瓦片的一种老房子。半弧形哈瓦俯仰交错，底瓦（仰瓦）在下，烧瓦（哈瓦）在上，底瓦、烧瓦顺次连接。底瓦质地细腻，瓦片较大，造价较高，不渗不漏；

图 3-5　山东龙口西河阳村的哈瓦房

烧瓦质地较粗，瓦片较小，造价低廉。底瓦与烧瓦兼具实用性和美观性，保温性能好，能够抵抗雨雪冰雹等，还起到装饰的作用。瓦片上常雕刻福禄寿喜字样或一些代表吉祥的图案，极具胶东乡村的吉祥文化特色。哈瓦房墙体结实，屋顶耸立，构成优美的天际线。

山东烟台的大涝洼村在清代曾出过大量富商大户。乾隆年间大涝洼村人经营的名店就有北京的恒昌油坊、大昌油坊、泰森油坊、隆丰和油坊、万福居大饭店、清秘阁玩具店，上海的同兴楼饭店等。这些经商大户纷纷回乡置

图 3-6　山东烟台大涝洼村院落格局俯瞰图

地建房，并带回京城名匠参与建设，使村里形成了一个京式和本地建筑风格相结合的三合院、四合院式的民居群。大涝洼村是胶东商人在北京地区经商活动的重要见证，也是滨海商业村落和家族村落合二为一的典范。这些明清宅院虽历经风雨侵蚀却依旧巍然屹立、雄姿不减当年，其建筑特色，除了胶东地区少有的精雕细刻之外，还保留了京味儿的门楼装饰，有的门楼还保留了彩画，这些京式彩画除了具有装饰作用外，还可增加木料的防腐防蛀性能。

图 3-7　山东青岛凤凰村明清老宅的砖雕门楼
（图片来源：裴丹 摄）

此外，挑檐石、鹰嘴石、拴马石、门口的"泰山石敢当"等建筑特色，形成了这些明清宅院独特的风格。

明万历年间金口古港开埠，凤凰村因邻近金口港，村民便到南方靠贸易经商谋生。村民去时将当地的农产品带到南方卖，返程时将南方特有的紫杉木、青砖、灰瓦带回村庄建造房屋，由此便打破了就地取材的建筑特性，使得这些村落的房屋结构更具特色。一个个古老的大木门，一条条幽深的青石小巷，一垛垛雕刻着精美图案的照壁墙，连同在月色中流淌着的一个个动人的传说、故事，仿佛一张张经典怀旧的老照片，吸引着人们探访它的过去。

二、产业景观

黄渤海地区自古便是海盐生产的基地，各地均有盐业发展，我国四大盐场中的长芦盐场和淮北盐场分别坐落在渤海和黄海海岸。

长芦盐场是我国海盐产量最大的盐场，位于河北省和天津市的渤海沿岸，南起黄骅，北到山海关南，共有盐田1300多平方千米，自古至今都是我国许多地区的盐供应地。这里滨海岸带多为泥沙冲积平原，地势辽阔平坦，发展盐业的气候条件、海水浓度和区位优势明显。长芦盐场历史悠久，是国内外享有盛誉的长芦盐的发源地和主要产区。

河北省黄骅市是长芦盐场的发源地之一，根据当地史料记载，早在西周至春秋时期此地便已生产海盐，在此之后当地盐业几度兴衰，直到1926年盐场全部撤裁，只剩民间小场辛立灶，直至今日仍坚持晒盐。辛立灶村村名的含义便是"辛苦建立起来的煮盐地"。辛立灶村地处渤海湾西部，距离海岸仅有1500米，当时村民利用一片卤水丰富的滩地，开滩、起溜、淋卤、熬盐，以制盐为业，世代繁衍生息。根据当地出土的战国遗迹可以证明，此地自古便以制盐为业。辛立灶村还是最早采用传统工艺制盐的专业村落，从村中的姬氏家谱可以得知，该村早在1792年便已经改煮盐、淋盐为开滩晒盐，省时省力。如今，该村的传统手工制盐手艺仍然被保留下来，修滩、整池、纳潮、制卤、结晶、采收等各个环节仍由经验丰富、被称为"埝头"的技术高手带领村民完成。随着时代的发展，技术不断进步，传统的人力扬水和经验测量盐度的方法逐

图 3-8　辛立灶村晒盐场景

渐被机械和新的技术手段代替，但其他的工序如扒盐等还是采用传统手法并延续至今。该村的老"埝头"姬成国被评为河北省非物质文化遗产项目代表性传承人。

江苏濒临黄海，滩涂宽广，适宜产盐，自汉唐以来，盐业成为江苏沿海地区最重要的经济产业。汉初吴王刘濞立都广陵，即开始在海陵等地煮海为盐。汉武帝元狩四年（前119），因盐置县，始称盐渎，晋改名盐城，故而盐城之名也是西汉时期苏北平原东部沿海地区产盐、运盐的直接产物。唐宋时期，全国经济重心东移南迁，两淮盐业迎来快速发展。宋代时，一场为十灶、一灶为二十户，各灶内部关系紧密，实行"团煮制"，即国家管理下的集体生产；至明代，废除"团煮制"，独家独户自营盐灶的生产方式开始盛行；明清时期，由于盐卤渐稀、煎灶东迁，为防潮害，开始创设避潮墩于各团盐社，盐民聚落随之经历了从集中到分散，再到出现墩台聚落的转变。如今，苏北平原东部沿海地带仍然广泛分布着以"灶""墩"命名的乡村聚落，留下了昔日盐产变迁的印记。

坐落于此的苏北盐场，又称两淮盐场，涉及盐城、连云港、淮安三地，历史悠久，产量巨大，至今仍为我国四大海盐生产基地之一，其中在淮河以北的称淮北盐场，在淮河以南的称淮南盐场。北宋之前，淮南盐场的规模较大，其盐产量远在淮北盐场之上，这种情况一直持续到清末。随着黄河夺淮以及苏北沿海岸线的迅速东迁，享誉海内的淮南盐场日渐衰弱，盐产量日渐被淮北盐场超越。中华人民共和国成立后，淮南盐场废灶兴垦，并对淮北盐场进行改革，以淮北地区为重点，续建、扩建成沿海八大国营盐场和一批县、乡盐场。从此，开始了淮盐生产的新纪元。

第二节
非物质文化景观

一、风俗习惯

（一）渔业劳作习俗

1. 新船下水时，要挑选吉日举行"开光"仪式。船主在天亮前到船上焚纸、放鞭炮、上香，将红绿布条悬挂船头。备好两只公鸡，一只在船头外开刀，让鸡血顺着船帮流过船的眼睛，俗称"开光"，表示该船已睁开眼；另一只要放掉，谓之"放生"。开光后，新船即可试航，俗称"下河"。下河时，船主要上香、焚纸、大放鞭炮，插上亲朋送的旗，也有插摇钱树的，在亲朋欢送下入水。然后，该船就可以下海捕捞了。

2. 出海。春捕开始时，船插红旗，在鞭炮声中起航。船在水中转一圈又回到原处，借海浪之势朝岸"点头"两次，然后调向而去。驾船在海中捕捞，若遇大风久刮不停，当放桅抛锚，船老大要敬海神娘娘。每条大风船（即帆船）的后舱中供海神娘娘，其座前常年供三个酒杯、一个香炉。祭时，船老大站在船面上，口含清水朝东南方向漱一次，再入后舱给海神娘娘上香、敬酒。口中念念有词，祈求风平浪静。出海归来，在龙王庙唱大戏，酬谢海神娘娘的保佑。

3. 插重旗。大风船共有五个舱，若能装满四舱，就算重载。当遥见口岸时，就在大桅杆上升起一面红旗，俗称"插重旗"。

4. 捕鱼。渔网是渔民捕捞海产品的主要工具，它们伴随着渔民长年累月地穿梭于海口和渔场之间，山东地区的渔网针对不同的海域情况以及不同水产种类的捕捞，有大网、围网、流网、坛子网、拖网等不同的种类样式。

5. 接海。出海捕捞的船满载而归，靠岸后，人们忙于接船卸货，用竹篓、竹筐抬鱼，称"接海"。鱼货出舱分类后，直接装入塑料鱼筐，过秤后就能直接卖出。

6. 海上垂钓。渔民还会使用钓具在海上钓鱼，这项有着几千年历史的生产方式如今已逐

图 3-9　威海东楮岛村的赶海场景

渐成了当地渔民休闲的生活方式。

7. 赶海。除了海上作业以外，赶海也是渔家的一种生活习惯。在漫长的海岸线上，每当潮水退去，便有渔村中的老人、小孩、妇女来到海滩拾螺、挖蛤、打牡蛎、捉螃蟹等。如今海洋污染严重，赶海习俗已逐渐变成一种休闲娱乐的方式。

8. 潜海。在烟台威海一带，还有一种被称为"海碰子"的专门潜入海底捕捞海珍品的渔民，他们在海底捕捞海参、鲍鱼、扇贝和石花菜等，是一项极具挑战性的独特技艺。

（二）节庆习俗

1. 祭海节

祭海是渔民在漫长的耕海牧渔生活中创造的一种独具地域特色的渔家文化。每年谷雨前后，渔民们在修船等准备工作就绪后，选个"黄道吉日"把渔网抬上船，便开始祭海。每年祭海前的十几天，山东的渔家媳妇们便开始忙着蒸面塑，每个面塑重达三四斤，有寿桃、小蛇、斗（量粮食的器具，寓意有粮有钱，年年有余）等多种造型。

临近祭海的日子，男人们便忙着选猪、鸡、鱼三牲。猪以大个头的黑毛公猪为佳，宰杀后刮毛，只留猪脖子上的一撮黑毛，然后用红绸布打成红花结，装饰在猪头和猪脖子上。鸡要选个头大的红毛公鸡，鱼要用大个的鲈鱼。船长们要请村里德高望重的老人用黄表纸写"太平文疏"，写时还要点上一炉香，给所祭祀的龙王、海神娘娘、财神、仙姑、观音菩萨五位神灵各写一份，寓意向诸神祈求平安丰收。

图 3-10
山东祭海时的面塑

祭海前一天，渔民们将海边的龙王庙打扫一新，挂上红灯笼，摆香炉、祭案，贴对联，披红挂彩。还要在龙王庙前的海滩上扎松柏龙门，悬挂匾额，挂满彩灯，张贴对联。船主将彩旗猎猎的渔船开到村前的海湾，船头面向大海，一字排列，将渔具和网具摆放整齐，然后下锚定位，等待第二天正式举行祭海仪式。

祭海仪式当天，渔民们以船为单位在龙王庙前的海滩上开始摆供。一束束用竹竿绑扎成的几米高的"站缨"迎风而立，一张张供桌上摆满了各类面塑、糖果点心。桌前的红漆矮桌上，一头头黑毛公猪"昂首向前"，一只只大红公鸡"精神抖擞"。渔民们将要焚烧的黄表纸整理好，摆好香炉。吉时一到，主祭人宣布祭海仪式正式开始。一时间，鞭炮齐鸣，锣鼓喧天，人们开始焚烧香纸，并把写好的"太平文疏"点燃，磕头朝拜。鞭炮声中，船老大们开始往空中大把地抛撒糖果，有"谁捡的糖果多，当年即交大运"的说法。

图 3-11　山东青岛田横祭海节的场景

当地渔民还崇信谁家的鞭炮声势大,谁家这一年便会兴旺发财的说法,因此祭海多用成千上万响的大鞭炮。船家们把上千挂鞭炮同时燃放,场面十分壮观。祭海时还会请来有名的戏班子连唱三天,极其热闹。祭海仪式结束后,渔民们一般要聚餐,并邀请客人一同享用。以前是在船上吃,如今多是在家中设宴。来的人越多,表明接到的祝福越多。祭海后的第二天,渔民便出海开始一年的渔业生产。

除了山东地区,黄渤海各地区均有开渔祭海的习俗,各地流程、项目稍有不同,但都表达了对渔业丰收、生活美好的祈祷。

2. 渔灯节 / 放海灯

每年正月十三或十四午后，蓬莱一带的渔民便以家庭为单位，自发地从家里抬着祭品，打着彩旗，一路放着鞭炮，先到龙王庙或海神娘娘庙送灯、祭神，祈求鱼虾满舱、平安发财，再到渔船上祭船、祭海，最后到海边放灯，祈求海神娘娘用灯指引渔船返航。这便是蓬莱渔灯节的雏形。它是从传统的元宵节中分出的一个专属于渔民的节日。如今的渔灯节，除了这些传统的祭祀活动外，还增加了在庙前搭台唱戏、敲锣鼓、扭秧歌、舞龙等多种群众自娱自乐的活动。

祭海是渔灯节里最精彩的节目。亲朋好友和船员们早早来到船主家集合，船主备足了美酒佳肴，来客则大碗喝酒、大块吃肉，尽显闯海人甘苦与共的豪爽义气。一切准备就绪之后，人们按照古老的习俗，以船为单位，抬着供品，打着彩旗，敲着锣鼓，扭着秧歌，一路放着鞭炮。他们要到港湾里的船上去，给大海送上虔诚的祭祀。

大连沿海地区祭祀海神娘娘的民间习俗中也有正月十三放海灯的习俗。这一天，大连沿海各地及所有海岛的渔民自发给海神娘娘送船灯，祈求海神娘娘保佑，赐予平安和丰收。每年的正月初十左右，大连地区各海岛的渔民及沿海的百姓家家户户开始扎制海灯。传统海灯用木板、高粱秸扎制。用木板制作的海灯通常以刻出船形为主，刻出船体部分、船楼，安上船舵、桅杆即可，然后再放上蜡烛。正月十三傍晚，家家户户门前挂上红灯，人们吃过"上船饺子"，或全家出动，或三五成群，带着自制的小灯笼及竹竿、供品、鞭炮等从四面八方聚集到渔港岸边，供品中必有蒸鸡和鲅鱼，

图 3-12
山东烟台八角渔灯节
"龙头祭海"

取"吉庆有余、快发财"之意。大人、小孩聚在海滩,对海神娘娘进行祭拜,并举行隆重的放海灯仪式。他们把预先扎好的彩船、彩灯上的蜡烛点燃后放入大海,用竹竿把海灯推向深水,由海浪推动海灯漂向大海深处。海灯不灭且漂得越远,放海灯者则越感到吉祥。之后,渔民们在海边摆设供品,焚香烧纸,祈祷一年的渔事活动平安丰收。最后,再将供桌上部分供品抛向大海,以供海神娘娘享用。同时,人们在岸上点燃鞭炮焰火,敲响锣鼓,挥舞彩带扭起秧歌。鞭炮齐鸣,礼花四射,场面隆重壮观。早些年在大连小平岛地区的放海灯习俗中,还曾出现过舞"四大海"等活动。"四大海"又称闹海秧歌,是一种反映水族生活的民间秧歌,属地秧歌的一种,流行于沿海渔村,在咸丰年间随天津商船传入大连小平岛地区。渔民按鱼、鳖、虾、蛤、蟹的形象,用铁丝扎成模型,用白布缝好,再

图 3-13　大连渔民放海灯的景象

涂上色彩，做成扭秧歌用的道具。人们头戴道具，模拟这些海洋生物的姿态舞蹈，向海神娘娘祈求一个风调雨顺的丰收年。这种表演活动曾一度绝迹，近年在非物质文化遗产保护活动中，经热心村民自发兴起，渐渐在小平岛动迁的老渔民中又兴盛起来。

二、民间信仰

海上生活风险大,渔民们世世代代在海上打拼,经风历险,没有良好的心理状态是不行的。而这种良好的心理状态来自民间丰富的信仰。早在上古时期,先民们在开发海洋的漫长历程中,就产生了对海洋的崇拜,四海海神信仰便由此产生。大约在清代,"四海之神"与"四海龙王"合流。自此,备受朝廷的敕封、祭祀和民众的崇拜。四海龙王中,以东海龙王的"神位"最高,被信仰为龙王中的"老大"。古时中央王朝遣官祭祀的"东海神庙"都在山东莱州。随着人们对海洋认识、开发的不断深入,人们的海洋信仰越来越丰富多彩。特别是随着海上交通的发达和南北交流的频繁,妈祖信仰传入山东沿海,并以此为据点向环渤海地区扩散,妈祖也成为当地普遍信仰的海神。在山东半岛沿海各地,在庙岛群岛,都有祭祀妈祖的官庙。尤其是庙岛上的显应宫,被视为妈祖信仰在北方传播的"祖庭",一直享受着来自中外四面八方信徒的虔诚香火。

不同地区信仰的海神有所不同,黄渤海地区具有代表性的有妈祖、龙王、孙仙姑、麻姑、曹妃等。

(一)妈祖

妈祖信仰在福建传播之后,向北传播到浙江、江苏、山东、河北、天津和辽宁等沿海一带,到了元明时期,北方的祭祀对象由妈祖改称为妃、天妃,到了清朝,妈祖被帝王敕封为天后,因此北方民间多称妈祖为天后娘娘。如今在海岛和沿海渔村,甚至是较大的渔船上,仍能见到供奉天后娘娘的神位。作为流传最广、影响最大的海神，天后娘娘在各地的来历和原型虽有出入，却都表达了渔民祈求庇佑的心理。

天津滨海地区在天后信仰的基础上，还形成了极具特色的天津"皇会"，原名"娘娘会""天后圣会"。据民间口传，此会源于元明时期，有文字记载的历史始于清康熙四年（1665），后更名为"皇会"，一直流传至今。它规模宏大，带有浓郁的天津地方色彩，每逢皇会，天津民众往往倾城出动，场面十分壮观。皇会是一种有组织、有计划、有严格规定的庙会形式，其中的表演内容包括净街、门幡、扛箱、鲜花、法鼓、秧歌、提炉灯、大乐、高跷

图 3-14　天津天后宫的天后娘娘像

等几十种，基本上凝聚了天津民间技艺的精华。各表演团体以"会"的组织形式出现，每个艺术种类的表演都有几个各具风格的"会"担任，这些"会"少则二三十道，多则百余道。皇会是中国北方独有的一种天后祭典。

（二）龙王

黄渤海海岸线曲折蜿蜒，数十万渔民在此生活，他们除了信仰东海海神以及天后娘娘等主要神灵之外，还崇拜在茫茫大海中无所不管、无所不能的地方性"土著"海神，也就是各个地方有名有姓的"龙王"。在沿海各地，几乎都有属于自己的"龙王庙"，享用着各村各镇渔民供奉的香火。即使到了现在，沿海和海岛渔民的那些信仰的碎片依然在不断地传承。

（三）孙仙姑

孙仙姑是即墨田横镇周戈庄祭海时祭祀的五大神灵之一。相传其生于19世纪20年代，1941年去世，生前一直未婚。据传其死去的那年，在一艘大渔船将遇海难的前夜，船老大梦见孙姑娘指点迷津。梦醒后，船老大按孙姑娘的指点避开了海难。于是，一传十，十传百，当地渔民便将孙姑娘奉为保护渔民、渔船安全的仙姑。

（四）麻姑

麻姑是我国道教女仙之一，是能够保佑渔民在海上平安的海神。在河北省黄骅市与青县、沧县交界处有三个村子，分别为大麻姑村、二麻姑村和三麻姑村，它们因2000多年来香火鼎盛的麻姑祠而得名。根据史书记载，汉武帝曾在此处的麻姑祠祭祀麻姑，如今已经更名为麻沽的村子在每年农历三月初三仍会举办麻姑庙会，开展祭祀、表演和商业活动。

（五）曹妃

在渤海湾中心地带的唐山南部沿海，有一个因曹妃和李世民的传奇故事而得名的带状海岛——曹妃甸。关于曹妃的传说有多种版本，一说是唐朝初年，当时还未称帝的李世民率兵跨海东征，随军中有位能歌善舞的妃子曹娴长得花容月貌，一路陪伴李世民赋诗、对弈，深得宠爱。但身娇体弱的曹妃不堪军旅之苦，染上重疾匆匆离世。李世民便下令将船停在滦南县海域的小岛上，厚葬了曹妃，并下旨在岛上建起三层大殿，内塑曹妃像，赐名曹妃殿。

相传，曹妃死后被封为海神娘娘，不但庇佑渔民出海打鱼平安归来，还惩治贪官、拯救无辜、勇斗恶龙、庇佑船运等，成为渔民心中的保护神。许多渔民出海前都要到此祀拜曹妃，殿内常年香火旺盛，小岛也因此得名曹妃甸。

（六）其他言行禁忌

自古我国居民就受到迷信思想的影响，把一些事物当作对未来吉凶的预示，因此在日常生活中有许多的禁忌。作为经常出海打鱼的渔民，由于安全措施不足，加上自身思想封闭，大多将希望寄托于神灵，因此旧时渔民的忌讳颇多，随着科技进步和文明发展，迷信的禁忌逐渐破除，但出海依旧存在的危险性使得村民为图吉利仍然延续一些传统禁忌。

1. 言语禁忌

在黄渤海海域沿岸，最忌在船上说"翻"字，甚至与其同音或同义的"帆""扣"都忌讳使用，往往用"划""搬"等其他词语代替；忌讳询问打鱼数量以及"完了""没了"等说辞；遇见鲸鱼大多称呼"老人家"或"财神爷爷"；等等。

2. 行船禁忌

在船上不准背着手走动，不准吹口哨，不准坐船边垂足水中，器物不得翻扣，船舱内不准放鱼篓。渔民不能在船头大小便，只能到船尾大小便；在船上大小便时"晨不朝东，夜不朝西，晌不朝南，永不朝北"。忌妇女跨越船头、网具，认为"女人跨船船会翻，女人跨网网要破"。船头柱子是船主的象征，任何人都不许坐在上面。筷子不能横放在碗上或插进饭里，因筷子横在碗沿上，似船搁礁。在海上作业时不能光下身或者吹口哨，这被视为对海神娘娘的不敬，会招来海难。

渔船出海打鱼时，成群的海鸟会围着渔船飞。有时船上炖鱼，把鱼的内脏扔进海里，"海虎子""海猫子"等海鸟抢着吃。海鸟近在咫尺，但渔船上的人谁也不打不抓，据说这是早年传下来的规矩，因为海鸟救过迷航人的命。渔船在海上打鱼，难免会遇到风天和雾天。相传有一年海上大雾，几十条渔船都迷航了，在海里随波逐流。后来人们遇见了迷雾中飞翔的"海虎子"和"海钻儿"鸟，还有嘴尖脖长的"海吃鹤"。鸟儿在雾中飞着、叫着，终于把渔船引到了岸边。后来，这些打鱼人慢慢发现，海鸟在风暴来临之前性情与平日不大一样："海钻儿"也不贴着水面飞了；"海虎子"晴天在海上飞得少，越到阴天、风天它越欢腾，下雨前围着船飞，刮风前随着浪飞。渔家人见了，赶快往回划船。海鸟成了渔民的好伙伴，好心的渔民谁也不肯伤害它们。

山东沿海地区许多地方的渔民在船上吃饭时有数不清的规矩，具有典型的渔民饮食风俗特点。例如，许多地方的渔民上船后第一次吃鱼必须把生鱼先拿到船头祭龙王海神；做鱼不准去鳞，不准破肚，要整鱼下锅。最大的鱼头必须给船长吃。在海上几乎顿顿吃鱼，每顿吃鱼都不许吃光，必须留下一碗鱼肉或鱼汤，下一次做鱼时再投入锅内，这意味着"鱼来不断"。吃饭时，只准吃靠近自己的一边，不准伸筷子夹别人眼前的鱼菜，否则即被称为"过河"，随便"过河"为险兆。

一旦船出海，船老大就有绝对的权力，船员必须服从，半点折扣不能打，就是长辈也得听从。特别是遇到风浪天气，全体船员绝对要在船老大的指令下，各司其职，相互配合，步调一致，战胜困难。

沿海渔家的许多禁忌习俗，大都是在期盼安全与丰收的心理作用下形成的。那些行规，内含着对世世代代海上生产艰难和风险的深刻记忆，世代相承，约定俗成。

3.打鱼禁忌

山东渔民还有一种习俗近乎苛刻。如荣成一带的渔民潜水捕捞海参、扇贝、石花菜等海珍品时，潜水者潜入水下，要通过手中的信号绳与船上的人沟通信息，输气量大小、船行快慢、潜水者升降浮沉等，都要通过信号绳通知船上的人，所以这根信号绳，生死攸关。按常理，在船上掌握信号绳的最佳人选当属父子或兄弟，因为他们是潜水者最亲近的人，但恰恰是父子、兄弟人选成了禁忌，因为他们与潜水者潜藏着利害冲突：或因赡养、继承，或因财产分配，父子兄弟间可能存在有意加害行为。所以，掌握信号绳的人选，必须是船主、船老大、潜水者三方均能接受的。这样一来，荣成渔家便有了非常奇特的习俗，潜水者与掌握信号绳的，必须是郎舅，或者甥舅关系，其他人无法参与。内兄弟或亲娘舅不仅不存在利害冲突，而且受到姊妹的制约。传统社会要求妇女从一而终，掌握信号绳的内兄弟或亲娘舅们，只能兢兢业业，认真负责，不敢有丝毫懈怠，他们绝对不敢拿姊妹的幸福与命运开玩笑。

三、民间艺术

（一）手工技艺

1. 面塑

胶东地区民间面塑艺术丰富多彩，地域分布广泛，各地均有。面塑的品种多种多样，有面灯、面老虎、巧饽饽等，是同民间剪纸一样较为普遍的民俗手工艺产品。其中烟台面塑是最典型的代表，最早起源于古代的祭祀活动。古人把自己的祖先封为神，以面塑作为供品，每年到烟台东莱山上祭山拜神，祭祀用的供品中就有用小麦面粉制作的牛、羊、猪等，开了烟台面塑的先河。后来面塑被应用在不同的场合，逐渐演变成一种地方民俗。烟台面塑按照民俗文化主要分为两类,即岁时面塑和礼仪面塑。岁时面塑主要指服务于各种与节日习俗有关的面塑,尤以岁时节令为多,比如春节、元宵节等;礼仪面塑主要指为各种喜事、丧事而准备的面塑,民间面塑在人生礼仪中扮演着极其重要的角色。在烟台乡村,尤其是莱州、招远一带,面塑艺术至今仍是婚嫁建房和海洋祭祀等喜庆事中不可缺少的物品。

胶东面塑的特点是先蒸出锅后描画,而并非直接揉捏完成,清香甜软,色香味形俱全,深受群众欢迎。与其他各地的工艺类面塑不同的是:胶东面塑注重食用,要经过蒸煮这道工序,制作过程自始至终贯穿着饮食文化的特点。同时它具有很强的抒情色彩,由于受山东地区特有的传统民风影响,不乏豪放、敦厚、质朴的山东特色,造型严谨,庄重古朴,紧贴生活。

2. 剪纸

河北沿海一带的手工剪纸艺术起源于民间过节贴窗花的习俗,渔民常年漂泊海上,为了企盼平安和丰收,便有了展现渔村地域风貌和风土人情的渔村剪纸,取自滨海生活的各类表现题材共同表达着渔民对美好生活的向往。渤海渔村剪纸艺术起源、发展并盛行于黄骅市渤海渔乡——歧口一带,它位于河北省黄骅市东北部,北靠天津,东临渤海,自古为渔业重镇,千百年来,渔民耕海牧渔,靠海而生。渤海渔村剪纸有两大特色:在内容上,取材于渔村生活,大都是渔区百姓日常生产生活中随处可见并息息相关的人和物,有些作品的取材甚至是渤海湾的特产,世间独有;在结构上,渤海渔村剪纸构思巧妙,构图丰富,作品直观上给人以艺术的美感。

图 3-15 渤海渔村剪纸艺术

（二）表演艺术

1. 山东海洋号子

海洋号子是众多号子中的一种，主要流传在沿海地区。它以海洋劳作为主要内容，通常包括划船、撑篙、背纤、拉篷、起锚、拉网等多种号子样式，演唱者多系专事捕捞、驾船的渔民。最初它只是自然的劳动呼号，以后逐渐美化成歌腔，具有了歌唱的艺术形式。

山东的海洋号子包括渔民号子和海员号子两类。渔民号子流行于蓬莱、长岛、莱州、乳山、荣成、威海、日照、即墨、昌邑、寿光等地渔村，伴随渔民各项劳动的有溜网号、上网号、撑篷号、启锚号、推船号、拖船号、摇橹号（可演变为追鱼号）、捞鱼号、敛鱼号、封网号、记浮号、爬爬号、抢号、打扦号、抽坛号等；海员号子主要流行于青岛、烟台、龙口、石岛、石臼所等港口，是从事海运的船员在劳动时唱的号子，有撑篷号、推磨号（绞缆绳时唱）、拔桌号、出船号、起锚号、原锚号、拉钻号等。

长岛又称庙岛群岛，它纵贯渤海海峡，地理位置正当黄渤海交汇处。在依靠风帆行船的年代，长岛渔号作为一种海上生产的"渔令"，广泛流行于渤海和北黄海沿岸。长岛渔号可分为上网号、竖桅号、摇橹号、撑篷号、发财号（廷鲅号）等八个主要类型，此外还有拾锚号、拉船号等。所有渔号基本都无唱词，以虚字为主，个别地方虽有唱词，也反映不出完整的内容。长岛渔号词句简单，语调粗犷豪放、坚定乐观，以吆喝、呐喊、领和叫唱等方式表现，不采用任何乐器伴奏。渔号的领唱者俗称"号头"，一般由经验丰富的闯海者担任，领号时有轻有重、有长有短，或间歇、或急促，都要与劳动节奏相吻合。当地渔民视"渔令"为军令，和号时十分认真，应和的句头紧咬着领号的句尾，严格配合领号的腔调与情绪，讲究"和得及时，答得协调"。在整个长岛渔号演唱过程中，领者胸有成竹、气宇轩昂，和者齐心协力、众志成城，一领一和，一呼一应，音程八度大跳，句头句尾紧紧咬合，显现出巨龙闹海的气势，使人充分体会到渔号的凝聚力、向心力和权威号召力。长岛渔号是当地渔民在长期海上劳动中创造出的杰出民间艺术，它体现着黄渤海地区海洋文化的特性，具有民俗学、社会学等方面的研究价值。

2. 吕四渔家号子

江苏吕四位于长江入海口北侧，这一带有着丰富的民间曲调，粗犷豪迈的吕四渔家号子便是其中的代表。作为吕四地区渔家流传最广的劳动号子——吕四渔家号子，是表现当地渔民传统捕捞作业并协助其传递劳动信息、协同劳动节奏的音乐娱乐形式，完整地记录了传统海洋捕捞作业的全程，包括出海篇、打鱼篇、接潮篇和归港篇，节奏清纯激越、浑厚雄壮，以男女高音为主，有领唱、对唱、齐唱等多种形式，即兴填词，直抒胸臆，表现了渔民热情、积极、勤劳的特性。

3. 长海号子

长海县是我国唯一的海岛边境县。长海号子是海岛居民在进行海上贸易和捕鱼等劳作过程中产生的各种劳动号子，主要流传于辽东半岛东侧的黄海北部海面上的长山列岛。长海号子种类繁多，内容丰富，调式各异，主要分两大类：一类是船民号子，是船民在运输劳动中呼喊的号子；另一类是渔民号子，主要是渔民打鱼时喊唱的号子。长海号子曲调辽阔粗犷、高亢悠扬，节奏生动、明快，反映了广大渔民乐观向上的精神，是我国民间音乐宝库中的珍贵财富。

4. 黄骅渔鼓

黄骅渔鼓是河北省的一种传统说唱艺术，属于板腔体曲艺形式，发源于河北黄骅渤海湾畔的冯家堡，传唱于当地沿海渔村。它吸取了民间小曲、民歌民谣、戏剧和方言鼓书等元素，形成了富有特色的民间渔鼓。渔鼓的传统演唱形式是单人行艺，可站可坐，表演时，艺人右臂抱渔鼓筒，左手拿简板，摇动手腕，使简板上下相击。渔鼓演唱腔调清越、悲声多发，表现了渔民漂泊无依、艰辛孤苦的生活。目前，黄骅渔鼓已被列入河北省级非物质文化遗产名录。

第三节
典型村落

一、桑岛村

桑岛村位于山东省龙口市东北海域桑岛东南侧。桑岛全岛南北长1.5千米，东西长2.1千米，海岛面积约1.93平方千米，地势平坦，在新华夏系第二隆起带（胶辽古陆）胶北隆起（鲁东隆起）的黄县新生代断陷盆地的北部，是新生代第四纪地质历史时期形成的火山岩台地孤岛。岛南金沙铺底，是天然的海水浴场，也是小型船只停靠和避风的好地方。岛东、岛北怪石嶙峋，如切似削。涨潮时，呼啸的海浪铺天而来，惊涛拍岸，玉碎珠溅；落潮时，碧波荡漾，岛翠礁奇，使人心驰神往。桑岛土层较薄，但覆盖面积大，具有很高的森林覆盖率，植被类型有常绿针叶林、落叶阔叶林、灌草丛等。由于退耕还林，农作物已基本不再种植。

桑岛的名字由来以及何时出现已无从考证，其来历主要有三种说法，一说岛中多山桑，一说因海岛状如桑叶，一说取"沧海桑田"之意，从文献检索可以发现桑岛之名最早出现在《明史》。根据考古发现，桑岛曾出土距今有5000多年历史的新石器时代文物，表明史前便已有人类居住于此。桑岛村拥有400年的历史，自明朝便已有文献记载，当时大多是穷苦农民为了逃债定居在这里。

桑岛村是全岛唯一的自然村落，也是行政村，隶属于龙口市徐福街道，村落占地面积约0.5平方千米，岛上常住居民约1900人，

图 3-16　桑岛村海岸的景象
（图片来源：裴丹 摄）

另有外来务工人员 1000 多人。王姓、李姓、栾姓是桑岛村的三大姓氏。桑岛村居民以渔业为主要经济来源，以捕捞、养殖和加工为主，主要养殖刺参、牡蛎、扇贝等海珍品。桑岛周围 10 米以内浅水区海域近 22.5 平方千米，其中 16 平方千米是适宜养殖的水面和岩礁，如今，海参养殖池塘达 0.93 平方千米，这里出产的海参质量为上等之选，据说全国排名前三，较高的食用价值也为当地人带来了不错的经济收益。同时，桑岛地处渤海渔场内，又紧靠黄海渔场，使得这里生物资源极其丰富，是大量名贵海产品的重要产区。

（一）火山岩石屋

桑岛村东部多为二十世纪五六十年代的老式房屋，其中也包括部分拥有百年历史的老宅，村落西部多为20世纪80年代建造的瓦房，西南角为新型的复式小楼，拥有蓝白相间、整齐划一的外墙，多为年轻村民居住。桑岛因火山喷发而形成，由于其特殊的地质结构，使得

图 3-17　桑岛村玄武岩墙壁及老街巷
（图片来源：裴丹 摄）

村中老宅多用火山喷发形成的玄武岩砌墙或奠基，坚实稳固，极具当地特色。

　　桑岛村的典型住宅具有类似独门小院的中国传统住宅设计构造，以院落为范围，四周用封闭的院墙围合，没有窗户与外界相通，院墙东南侧开设大门，进入大门后是用彩画砖雕装饰的照壁，左折进入用于拣鱼择菜的院内，东、西、北侧各建有房屋，北侧为正房，东侧为厢房，西侧设猪圈，正房之后有后院。居民喜欢在院内种植水果、花草和树木，而树木以家槐、合欢等为主。

图 3-18　桑岛村玄武岩老宅
（图片来源：裴丹 摄）

（二）秧歌舞

秧歌舞是当地活跃了 100 多年的民间艺术活动。相传百年前，以渔业为主的村民为了祈求"龙王"的保佑，故选择每年农历二月初二龙抬头的吉日，自制"金彩龙"，在本村耍龙灯，恰巧那年人安鱼丰，沿海渔民遂决定每年都进行舞龙表演，并将表演由二月初二逐渐提前到了正月进行。近年来，桑岛村在新农村建设活动中举办了秧歌活动，带动了村民的热情，丰富了村民的活动。

二、青山村

青山村，又名青山渔村，隶属山东省青岛市崂山区王哥庄，地处青山湾的西岸、崂山太清宫的北侧，在王哥庄街道办事处驻地东南 13 千米，是一座依山傍海的传统村落。全村总体陆地面积约 5 平方千米，现有村民 800 余户，2500 多人，其中以林、刘、温、唐、姜等姓氏为主。

青山村的村民集中住在紧临垭口的东北部海滨山坡上，建造的民居依山就势，沿河顺坡，自前向后，步步登高。据说青山村是在明洪武年间大移民时形成的自然村落，距今已有 600 多年的历史，根据各大姓家族族谱记载，先祖来自云南。村内有多处遗迹可考证其历史。

该村三面环海，内部有多处海湾，其中青山湾、三亩前湾、试金石湾共同构成了一条长度为 7.2 千米的曲折海岸线，岸边的礁石经过海浪几千年的拍打，逐渐形成厚度不一的自然断面，是难得的

图 3-19　青山村码头
（图片来源：裴丹 摄）

"海上地质公园"。由于地形优势，风浪较小，村内拥有一个颇具规模和历史的码头，可供百余条渔船停靠。

　　这里自古便是以捕捞业为主的渔村，这里生产的咸鱼、鱼片、海蜇皮等干海产品，美味可口，闻名遐迩。该村还大力发展崂山茶的种植，因占地形之优，茶树受朝阳照临，加上当地"串山雨""临海雾"的特殊气候条件，使这里的茶叶成为崂山茶中的珍品，受到人们的青睐。茶叶逐渐成为当地村民经济收入的重要来源。由于地处著名的崂山腹地，青山村自古便是崂山佛道人士进山修行的必经之所。自改革开放以来，此地被开辟为旅游风景区，这里的经济也随之高速发展起来。

（一）传统民居及历史遗迹

青山村的房屋临海依山而建，红瓦粉墙的楼房和茅草石屋次第呼应；青山湾渔船来往穿梭，鸥鸟嬉戏追逐；俯瞰青山湾和掩映其中的青山村，恍若进入"山海仙境"。

图 3-20　青山湾及青山村俯瞰图
（图片来源：裴丹 摄）

图 3-21
青山村里的老房子
（图片来源：裴丹 摄）

青山村内发现了多处历史古迹，其中以三处太清宫界石价值最大，分别位于青山水库西南、青山水库东、青山南河河床，分别刻于明万历十八年（1590）、嘉庆七年（1802）、万历三十一年（1603），分属不同的时代背景，蕴含着丰富的历史信息。这对于研究崂山道教兴衰、佛道关系、民道关系、隶属沿革等有重要的意义，也是青山传统村落开发、美丽乡村历史文化挖掘的宝贵实物佐证。

根据青山村村志记载，位于崂山头北靠近山根处，在山头后顺山根伸展出一石碴，碴上石矶有一平处，历代相传其名曰"晒钱石"。相传东海龙王每隔几年便会在六月初六这一天将龙宫中的金银财宝拿到石矶上晾晒，之后便将残缺不全的钱物丢弃在此，让赶海的渔民捡拾。据说,早年通行此处的商船都有抛扔财物进海以供奉龙王,求得船运平安的习俗。由于此处水深流急,每遇急风险浪之时,风浪便会将海底的沉物抛到岸边,想必这便是晒钱石的真实由来。

青山村西侧的试金石湾也有一段传奇的故事。据说湾上的石头出水后,被太阳照射,金光闪烁,光亮耀眼,湾上的石头或重达千斤

图 3-22 青山村的试金石湾
(图片来源:裴丹 摄)

或轻至几两，但即使再小的石头也比黄金坚硬，所以这里的石头曾被作为衡量黄金纯度的器具，由此而得名试金石湾。

（二）特色美食

作为历史悠久的渔村，青山村有着自己传统的渔村美食，馒头、豆腐和干鱼被称为"青山村三宝"。

青山村的馒头与王哥庄大馒头师承一派，但当地大馒头制作人林霞所使用的是家中传承百年的老面。所谓老面即每次发面蒸馒头时剩下一小团面，作为菌种用于下次发面。林霞表示，这样做出来的老面馒头口感更加松软。如今为了保证质量，产量较低，她家的馒头基本只供应村里的农家宴。

作为另一种当地特色食物，海水豆腐与普通豆腐最大的区别是使用海水点制来使豆腐汁里的蛋白质胶体凝聚。因海水是低度的卤水，所以制作豆腐时点海水的次数要多，颇为费时。但这样做出来的豆腐"香味重，腥味轻"，即使不做烹调，仅蘸取少量酱油，味道依然鲜美。

青山村晒制的干鱼全部采用当地海捕的野生海鱼，经过海水的冲洗后便上网晒制，整个过程没有任何添加剂。靠着原汁原味的特色，青山村的干鱼如今已成品牌产品。

（三）龙王祭祀

由于受道教太清宫的影响，青山村当地居民的信仰以龙王为主。当地祭祀龙王最隆重的日子，是春节冬令时节、开春渔汛到来

图 3-23 晾晒干鱼的场景
（图片来源：裴丹 摄）

时节和渔汛过后夏季休渔时节。当地的居民信奉农历正月初十是龙王的生日，正月十二是大海的生日。每逢正月初十，村民先到龙王庙悬挂幡帐、摆放三牲，还要烧香、烧纸、叩头、放鞭炮。到了正月十二，就要举行隆重的祭海仪式。青山村祭海，首先挑选三牲进行供奉；然后蒸面馍，面馍是当地非常有特色的一种面塑工艺品，一般重达三四斤，造型多种多样；接着准备太平文疏，祭祀前要用黄表纸写太平文疏，这项工作多由当地德高望重的人来负责；另外还要购置祭海时用来招待客人的物品。在祭祀之前，村民要装饰龙王庙、扎松柏门和搭建可拆除的简易戏台。

三、东楮岛村

东楮岛位于山东省威海市荣成石岛管理区最东端，陆域面积75公顷，海岸线长10千米，西与陆地相连，为长条形岛屿。岛上气候宜人，属暖温带海洋气候，四季分明，光照充足，降水充沛，冬无严寒，夏无酷暑，春天温暖，秋季凉爽。东楮岛村北、东、南三面环海，拥有优美的自然环境、丰富的海产资源、浓郁的渔家文化、众多的民间传说、别具特色的海草房民居和悠久的地方特色文化，得天独厚的资源优势使东楮岛成为胶东最美渔村。

关于东楮岛的起源有一个说法跟日本侵略朝鲜有关。明朝万历二十年（1592），丰臣秀吉派遣15万日本大军入侵朝鲜半岛，"壬辰倭乱"由此爆发，长达7年的侵略战争使得朝鲜半岛居民纷纷乘船浮海外逃。其中一艘船被风暴刮至今东楮岛村东南侧的海滩，难民便在此居住下来，并在登陆处建了一座祭祀海神的庙宇，四围遍植楮树。生命力顽强的楮树逐渐衍生开来，东楮岛村名由此而来。但此传说并未得到当地老村民的证明，据村志记载：明万历年间，芦氏祖先由今本市宁津街道宁津所村徙此至今，因村位于楮岛，故村以岛命名。清顺治年间，毕氏、王氏祖先由今青岛市龙泉街道柳林村和宁津所东王家村相继迁居于此。

东楮岛村落格局的形成与海洋有着密不可分的关系，形成了粗犷而严谨、古朴而浪漫的整体风格。村落地形呈荷花形，地势东高

第三章 | 黄渤海海域的滨海传统村落

图 3-24 东楮岛鸟瞰图
（图片来源：魏刚 摄）

西低，村南部为新建的红瓦房和楼房的住宅群，村北部为旧有的海草房住宅群。最古老的海草房据传始建于清顺治年间，距今已有300多年历史。当地拥有百年以上历史的海草房有83户442间，主要分布在村子中部。早期定居的芦氏家族长期在岛上居住，选择了在地势高的东南角营造宅院，此处离出海的村头近，有较长的沙质海岸线，便于赶小海，是渔民生产作业的好地方；后期定居的穆氏和毕氏都是勤劳的渔民，在东北处居住；尽管王氏家族在

滨海传统村落

图 3-25
东楮岛村内百年楮树
（图片来源：裴丹 摄）

岛上人口最多，但其迁来时间较晚，只能插在毕氏聚落的中间，形成中街住宅群。

渔业是东楮岛村唯一的产业，针对近海渔业资源日趋衰退，捕捞效益逐年下降的危机，东楮岛人积极组织实施了"以养兴渔"战略，主攻传统常规品种，加快名优高效养殖开发，海水养殖面积逐年增加，养殖品种迅速发展到鱼、虾、贝、藻四大类共30多种，并建成了海珍品养殖基地。

东楮岛人热情好客，不管是哪里来的客人，只要到了东楮岛村，就像到了家里一样，大盘的鱼虾、大碗的美酒，让游客感受到

图 3-26　东楮岛村俯瞰图
（图片来源：东楮岛村委会供图）

豪爽的沿海渔家风情，独特的地域优势和传统的海草房文化特色，吸引着更多人来这里观光旅游。

（一）海草房

东楮岛村拥有大量保存完好的海草房，因而成为胶东特色民居的代表村落之一，村落周围海域拥有大量优质的海苔草，连周边村庄建房所需的海草也大都是从东楮岛村购买。这些海草房具有"冬暖夏凉、居住舒适、百年不

图 3-27　东楮岛村的海草房
（图片来源：裴丹 摄）

腐"等特点，沉淀着浓厚的历史文化和丰富的地域特色，富含当地风情。

　　从海草房单体建筑布局来看，一般分为一正一厢、三合院、大小四合院等类型，这主要是由当地居民的生活条件、生活习惯和社会地位来决定的，体现了中国传统民居空间规划的合理性和多样性。一正一厢式布局是海草房建筑布局中最简单的一种，它由正房和厢房组成，通常情况下，北侧布置三到五间正房，南侧布置两到三间厢房，推开院门便构成了一正一厢的布局。三合院是海草房建筑布局中最普遍的一种，和其他传统民居的构筑模式相似，正房居北，东西两侧各设厢房，与南侧的院墙围合形成庭院空间。大小四合院在三合院的基础上，以院落为中心向四周发散，周边附加多个建筑物以形成层次鲜明的几进院落。

走在斑驳的青石小巷，一排排海草房宁静地矗立着。岁月在海草房上留下了难以磨灭的印记，青石墙边的拴马石、山墙上的黑板报和标语，为我们后人提供了复原那些遥远岁月的线索。海草房承载着一段无法被岁月泯灭的渔村记忆。

图 3-28　东楮岛村海草房院落
（图片来源：邓致荣 摄）

（二）渔民节

东楮岛村民日常生产以渔业为主，拥有与渔业相关的风俗节庆活动，其中最重要的是每年谷雨时节为庆祝开海捕捞的渔民节。作为渔民的传统节日，渔民节理所当然地成为东楮岛村一项重要的民俗活动。谷雨这天，东楮岛村的渔民们身着节日盛装，从四面八方涌向海神庙、大海边或者街头巷尾欢庆节日。清晨，渔民们拉着用血抹红的肥猪等供品来到村东南的庙堂，点燃烟花鞭炮，虔诚地祭拜。

图 3-29 东楮岛村的拴马石和大众板报
（图片来源：裴丹 摄）

图 3-30　东褚岛的娘娘庙远景
（图片来源：苏海杰 摄）

四、高家庄子

高家庄子位于招远市辛庄镇渤海之滨，北距海边约 1000 米，206 国道横贯村南侧。村落建设用地约 0.23 平方千米，其中古村落部分占地约 0.16 平方千米，全村总面积达 5 平方千米，有 400 余户人家，1200 多人口。高家庄子北为海滨平原，南依丘陵饽饽顶，处于丘陵向平原过渡的岭岗阜坡上，地势东南高、西北低。

高家庄子为更始元年（23）高姓徙居之

处，两年后为防水患修建镇龙庵于村西；清朝中叶，高姓逐渐在村中徙绝。明宣德年间，当地徐姓先祖徐进之举为北海守墩吏，后其曾孙辈四人携眷迁居高家庄子村北 1 千米的墩所在地；清顺治年间，朝廷撤墩，加上地震引发的海水倒灌、风沙淹没村庄等灾害，徐氏一族已全部南迁至高家庄子。乾隆年间，村中又迁入王、马、黄等姓。清中后期徐氏一族兴盛，村庄开始大规模建设，立祠建宅铺路，更两度修建圩子墙，至中华人民共和国成立前村中房屋已有 3760 余间。徐氏家族及村落的变迁体现了明代海防卫所制度的兴衰。

（一）村落选址和格局

高家庄子传统村落，位于海滨古官道南 500 米处，其选址颇为讲究。西侧九龙沟溪沟环绕，略似青龙，东侧岗阜绵延（据东门"屏山"之名和地形推断）以象白虎，北方大海有玄武之义，南侧饽饽顶丘陵横向环抱，以应朱雀，具有明显的风水选址特征。此外，此地还有创建镇龙庵、埋"斩龙剑"与"压龙盒"，以镇住九龙沟风水宝地的历史和传说。

在村外九龙沟下游转折处建九龙庵等，是典型的传统村落水口建设手法。村落建在丘陵缓坡的末端，旁有冲沟，于此处选址，既避免了遭受海水倒灌、海浪风暴潮的风险，也十分方便村民取水，十分符合《管子·乘马篇》"高毋近旱而水用足，下毋近水而沟防省"的先秦营造选址思想。村子的大小街巷纵横交错，格局颇似"进宝"二字；圩墙与护城河形状、村内两株高大古树的树冠形似古代官帽簪花的形状，这些都曾在清末被附会有升官发财的风水理念。

高家庄子传统村落现存格局，奠定于明末清初，以始建于明万历年间的关帝庙为中心，形成东西、南北十字大街的传统村庄格局，有"十字口"地名，西大街通向镇龙庵和三官庙。北边是高姓始居之地，南边多徐氏人家，乾隆年间迁入的王姓则居于庙东，马、黄二姓居于庙西。随着徐氏家业日渐兴盛，先后于清嘉庆十四年（1809）、同治元年（1862）修建了徐氏家庙和圩墙，高家庄子逐渐形成了以南北大街及其旁侧的关帝庙、徐氏家庙为核心的方形城池、鱼骨状街巷格局。村西建有镇龙庵、三官庙及土地庙等庙宇，村边角设晒谷场地，体现出中国北方传统村

图 3-31　高家庄子俯瞰图

图 3-32
高家庄子的小巷

落的一般营造格局特征。南北虽仅有一条大街，但其他小胡同巷道也有十余条。街巷众多、规模宏大，且空间整齐，使高家庄子具有不同于其他传统村落的重要格局特征。

（二）百年徐氏家族遗迹

清嘉庆十四年（1809），在贵州任守备的徐氏族人徐云峰，出资在村中十字路口处修建了一座徐氏祠堂以供奉祖先。祠堂造型典雅，气势雄伟，两旁立两根明柱。院内植有两柏两楸，生机盎然。正门为高台阶、大门楼和八字墙。现家庙、松柏尚存。

清咸丰年间，徐氏族人徐素去北京投亲靠友学做生意，因低价收购了一套明朝古玩珍品而发了一笔横财。后其在北京前门与亲戚合伙开设三义广绸缎庄，柜上伙计大多来自本村本族。咸丰十一年（1861），徐躬修去苏杭进货误期，只进了些黑白绸缎，却适逢咸丰皇帝在热河驾崩，皇宫急需大量黑白绸缎，结果三

图3-33 高家庄子的徐氏祠堂内院

义广绸缎庄的黑白绸缎被高价抢购一空,大量白银流入绸缎庄,三义广赚的白银用大车往老家运送,徐氏族人成了暴发大户。清末,徐氏族人徐其清在济南、潍县两地又开设了泰丰楼饭庄,经营33年之久。这些大户讲排场、摆阔气,在村内买土地、盖房子,由于在京城经商,带回了京城的工匠参与老家的住宅建设,在三条大街上同时兴建宅院,样式一律是富含京味的大门楼、高台阶的四合院。院内置假山怪石、奇花异草,骡马成群、牛羊满圈。徐氏

图 3-34　高家庄子的徐其珣故居

家族人财两旺，盛极一时。其中，徐其珣故居位于关帝庙西侧，由东西两落、前后三进房屋，共四个院落组成。由于占地不规整，前进院落的西院仅为一开间，沿街倒座和厅房均为一开间房屋，西院窗为竖棂窗，东院沿街倒座为两开间，正房为三开间厅堂。故居建造精美，规模较大，整体保存较完整，原构架只有部分损坏，具有很高的文物价值。

除了庞大的徐氏院落之外，村子当时还修了城墙。清同治年间，为防捻军袭扰，徐氏族

图3-35 高家庄子的土圩墙残垣

人筹资环村修建了一道全部由黄土夯实的围墙,墙高6米,顶宽2米,环村总长2100米,设有5座汉白玉雕字大门;清光绪年间,徐氏后人又集族人之财力,环村重新修建三合土围墙,历时3年,耗银数万两,每座大门另设"子母土炮"2门,抬杆炮40杆,土枪40支。晚上围子门一关,村子如铁桶一般。然而由于年久失修,加之人为破坏,如今的城墙只剩不足百米的残垣,成形的更是不足几米。

(三)其他特色古建筑

高家庄子现存传统公共建筑还有重修于清康熙十九年(1680)的镇龙庵、三官庙遗址及钟楼、关帝庙。发源于村南饽饽顶的九龙沟,既是古圩墙西侧的护城河,也是北方村落中少见的风水水系,水口处建有镇龙庵、三官庙及土地庙等庙宇。

东汉光武帝建武元年(25),为防水患,于村西修建镇龙庵,清康熙十九年(1680)重修,现已损毁,目前尚存的有院落南边的木石结构的钟楼以及院内的四株古柏。木石结构的钟楼高八米左右,面积五六平方米,有四根木石结构的柱子,顶盖是纯木的穿插结构,没用一颗螺丝或钉子。相传钟楼所在的土丘被预言会出恶龙,遂在此修建镇龙庵,从此这里就变成了风水宝地。巧的是,1957年,人民公社修水库时还挖出了一把斩龙剑,不过当时即遭损毁。

村中关帝庙为东汉光武年间兴建,清康熙十九年(1680)重建。房顶更换为黄、蓝、绿琉璃瓦,五脊六兽,金碧辉煌。庙内神像关公居中,两边为周仓、关平。两边山墙绘精致壁画,内容为关羽"过五关,斩六将"等生平事迹。庙左前方有旗杆基石两块,上面刻有"光绪二十二年立"字样。

图 3-36　高家庄子的镇龙庵

图 3-37　高家庄子的关帝庙

（四）春会活动

村内文化氛围浓厚。清代时开始组织庆春会，20世纪40年代前后庆春会活动鼎盛时，有高跷脚子100多副，北京经商的族人徐世荣为村民购买戏装80多件，100余名青年参加排练。剧目有《西游记》《灯宫》《金钱豹》等10余种。踩高跷、唱京戏、弹三弦、说鼓书等活动传承至今。

第四章

Chinese Traditional Villages

中国传统村落文化抢救与研究
文化区系列

东海海域的滨海传统村落

东海，中国三大边缘海之一，亦称东中国海，是指中国东部长江口外的大片海域，南接台湾海峡，北临黄海（以长江口北侧与韩国济州岛的连线为界），东临太平洋，以琉球群岛为界，面积约77万平方千米。东海濒临沪、浙、闽、台四省市，海岸线曲折，岛屿众多，是中国岛屿最多的海域。在滨海及海岛这样相对封闭与独立的生态系统里，传统村落的人们在漫长的生产生活过程中形成了独具特色的物质及非物质景观。

第一节
物质文化景观

一、建筑景观

（一）民居建筑

在这绵延的海岸线边、茂盛的山林里，一个个古朴的村落若隐若现，它们在诉说着悠长的故事。历史文物建筑和传统文化保护得较好的聚落和村寨，大多建于明清以前。村落建筑简单朴素、经济实用，主要用于居住，但这些看似简单的民居背后，倾注了劳动人民无数的汗水，他们用精湛的技巧和精心的设计赋予这些民居最大的张力和活力。

福建素有"八山一水一分田"之说，浙江也有"七山一水二分田"的特点。以福建为例,这里的山、水、田都是泛指,意思是福建山多水少田少,大概的比例是山占了八成,水和田各占一成。这种多山的特点,不仅使得当地的传统村落身处山海相交处,而且民居的建造往往就地取材,这就不难解释东海滨海一带及海岛上的传统民居大多以石头作为主要材质。

1. 泉州古厝

泉州,简称"鲤",别名"鲤城""刺桐城""温陵",地处福建省东南部,北承福州,南接厦门,东望宝岛台湾。泉州历史悠久,作为闽南文化的源头,早在周秦时代就已得到开发;三国吴永安三年(260),始置东安县治;唐朝时为世界四大口岸之一;宋元时期为"东方第一大港",被马可·波罗誉为"光明之城"。泉州是国务院认定的首批历史文化名城、东亚文化之都之一,联合国唯一认定的"海上丝绸之路"起点。泉州古建筑继承了由晋朝士族衣冠南渡所带来的皇室威仪和贵族气派。同时,作为宋元时期的"东方第一大港",又有海派的动感变化和洋风的繁饰点染。泉州人历来把建造住宅看成是人生的一件大事,尤其是华侨。他们早年出洋多因生活所迫,在人地生疏的异国含辛茹苦地打拼,为的就是有朝一日能出人头地,兴业旺家。所以一旦事业有成,他们就迫不及待地衣锦还乡,不惜巨资修建豪宅。这些豪宅包括具有泉州传统民居特色的官式大厝和汇合中外建筑风格的洋楼。

泉州滨海一带的传统村落,现在还保留着很多具有代表性的古厝。在闽南的方言里,"厝"代表房子,红砖厝就是用红砖盖的房子。红砖厝是闽南最有代表意义的传统建筑,如南安官桥的蔡资深古民居建筑群和石井的中宪第、晋江的杨阿苗故宅和青阳的庄用宾故居等。

皇宫式大厝是晋江典型的传统民居。这种大厝的建筑特征与古代由中原南迁的族姓大多是官宦人家有直接关系。皇宫式大厝在建筑布局上是封闭式结构，轴线对称，多层次进深，前后左右衔接，均齐配置。色彩上，一般以青、赤着色绘彩，如梁柱门窗漆以朱红色，墙裙石材喜用"青草石"（绿辉岩），外墙体饰以红砖，屋顶饰以红瓦；材质上，以木料和砖、石混合为主体结构，木质构件多为杉木，砖瓦选取本地红土烧制的产品，石材为各种花岗岩；装饰上，木雕、石刻、泥塑、剪贴等民间手工艺精品和屋檐上的"水车堵"、屋檐下的"鸟踏"、墙上的"出砖入石"、屋脊上的"翘脊"随处可见，曲线清秀优雅，精美绝伦。

图 4-1　福建泉州的红砖大厝

第四章 | 东海海域的滨海传统村落

图 4-2 福建泉州蚵仔壳厝民居群

在泉州所辖的县级市晋江，除了那些皇宫式大厝，还有用牡蛎壳为墙的"蚵仔壳厝"。蟳埔是位于泉州湾内晋江出海口的一个小渔村。宋元时期，这里是被称为"东方第一大港"——刺桐港的所在地，村子里随处可见蚵壳墙、红砖墙的闽南古民居，具有保护价值的传统建筑有60多栋。蚵壳厝曾是蟳埔人生命中不可分割的一部分。据说蚵壳并非本地所产，它是宋元时期古商船从非洲东海岸运过来的，后被当地人用在建筑材料上。蚵壳厝里面通透舒适、冬暖夏凉，外墙美观粗犷。

番仔楼，是闽南一带对洋楼的称呼，多为民国时期南洋归国华侨所建。位于泉州市中部、南安市西北的观山村，被称为"南安第一侨乡"，是清中宪大夫、印尼商界领袖李功藏的故里。李功藏回乡所建的中西合璧的池塘湖番仔楼，始建于清光绪二十五年（1899），建筑图纸均由近代史上杰出的建筑大师和著名印尼荷裔建造师联合设计。番仔楼四四方方，上下两层，共有56个拱，线条硬朗。细看那些西式拱形廊柱，用料却是闽南的红砖，屋里铺着南洋特色瓷砖，走廊过道则是用花岗大石条打造，体现了中西合璧的建筑特色。

图 4-3　李功藏故居——池塘湖番仔楼

2. 平潭石厝

由于东海海域多台风暴雨和资源匮乏，岛上的人们不能使用木材建筑房屋，所以当时的房子全部是用石头建成的，很多至今仍保存完好。虽然石板路上和院墙上的石头经过风雨的打磨，已经失去了棱角，但仍不失斑驳的色彩。福建省的第一大岛——平潭岛上的石头厝就是这种建筑风格的典型代表。

如果你第一次来平潭，一定会发现这种石头房从地基到墙面、从门框到梁柱基本上用的都是花岗岩石料。平潭虽然地处海岛，但花岗岩的储量高达 8 亿立方米，且花色品种繁多，质地坚细，色泽光艳，造就了平潭城堡般的石头城。石本无言却能歌，平潭石头厝渗透着独特的海洋文化底蕴，是平潭人历代渔牧、农耕文明的结晶。"平潭岛，光长石头不长草，风沙满地跑，房子像碉堡……"古老的民谣曾向世人诉说平潭岛前世的寂寥。碉堡般的石头厝，不仅是风情浓郁的特色民居，也是海岛祖先"斗天战地"生存智慧的结晶，更是海岛居住文化的"活化石"，它承载了海岛儿女的浓浓乡愁，以古朴的身姿，成就了布景般的原生态景致。

在平潭，只要有村落就有石头厝，这些石头厝如同画中景物般分布在海岛的各个角落。千百年来，岛上居民就住在石头厝里，"清晨看日出，傍晚听涛声；可见农家耕作，可听燕雀呢喃。"独特的建筑、悠闲的生活，成了居住在钢筋水泥中的城市人最向往的海边渔家生活。平潭每个石头厝村落都有自己的特色，白青乡白沙村的石头厝临海凭风，密密匝匝却井然有序；青观顶村石头厝十分壮观，站在山顶眺望，成片的石头厝犹如跳动的音符，令人充满遐想；塘屿岛南中村居民早年从莆田搬迁过来，在建筑上也自成一派，红瓦是塘屿石头屋的一大特色，上面压着墨色的石头，形成黑与红的强烈对比。

3. 箬山石屋

东山村，原属箬山镇，后并入石塘镇，西濒箬山渔港，东为打亣岙。作为一个濒海渔村，这里地处台风带，是台风经常光顾的地方。因此，狂风成为村民必须面对的挑战。聪明的村民为此把村子建在山岙里，借助山岙两侧的山体减缓风力，村子相对来说就更安全。风平浪静的山岙也更适合渔港的建设，村民安家于此，也可得地利之便。此外，山岙的地势相对平坦，更方便造房。而山岙两侧常有山泉汇入，水源可以说是一个村落的生命之脉。山岙充分占据了安全、便利与水源三大优势，自然而然地成了渔民们建造家园的首选之地。东山山岙如一个巨大的喇叭，喇叭口就是大海，两边是葱茏的山坡。目之所及，渔港波澜不惊，远处渔船点点，千帆竞立，海水共长天一色，一派安详。但是，大海并非总是如此平静，对于它的狂暴，东山村村民也已经习以为常。在风口浪尖上讨生活，就必须得有镇得住风浪的东西才行。石头，便成了天然的守护神。拾级而上，一幢幢石屋沿山坡矗立。石墙夹着石巷，石巷连着石屋，石屋傍着石阶，构成一个石头的世界。

为减少风压，石屋的层数通常较低，以两层居多，层高也尽量压低。厚重的石墙墙体厚达半米，其自重可有效防止强台风带来的墙体坍塌，宛如一道屏障，把大海的狂暴阻挡在外。外墙窗户较小，深深地嵌进墙壁之中，即使遇到大风大雨，雨水也不会飘进室内。在大门入口处，设置一块石质门槛，防止雨水进入室内。屋顶的瓦片上也要压上一块块石头。如此这般，即使外面狂风暴雨，里面也安然无恙。石屋的隔热效果也很不错，冬暖夏凉，颇为宜人。巷弄之间形成的穿堂风，透心清凉。

山坡上的平地有限而金贵，因此民居的规模一般不大，并常常结合地形变化的特点分台筑室。自房前屋后伸展出的一级级石阶左右相连，上下承接，纵横交错的石阶石巷将各家各户互相勾连起来。石屋建筑看似如迷魂阵般杂乱，实则自有章法。它们沿着等高线平行布局，呈长条状蜿蜒开来，中间形成东山村中路、东山村南路等主干道。行走在路上，一转一折间就可能与一口石井邂逅。石井形制古朴，外呈方形，或六角形，或八角形，井内水波如鉴，倒映着天光云影，衬着井圈缝隙间长出的青草，别有一种岁月安好的祥和。

传统石屋均为木石结构，建造时，用石料制作门框和窗棂，将木制的柱、梁、枋、椽等掩藏在墙体和屋顶里。可以说，石头是房子的外衣，木头是房子的内衣。就外观来说，是纯粹的石头房子。一幢幢石屋手拉着手，肩挨着肩，层层叠叠，厚实庄重，与山海相融，宛如一幅古朴苍劲的图画。

民居大多没有雕饰，简单朴素。石墙在岁月与风雨的洗礼下，泛出微黄的色泽，温暖里带着点苍凉。远远观望，不规则的石墙犹如一幅天然的抽象画，虽无装饰，也自有一种风韵。

（二）防御设施

东海海域，尤其是福建一带，很多传统村落保留着历史上抗倭遗留下来的海防工程。此外，还有一种类型的防御设施，主要是为海边防洪所设，但平时亦可作为边城的军事防御措施。

1. 海防工程

中国古代海防建设是从明代开始的。明代以前，如春秋战国时期、三国时期，一些依江傍海的诸侯国虽建有水师，并进行过水战和海上攻防战，但还没有明确的海防设施和固定编制。明朝初年，日本海盗形成了庞大的队伍，历史上称为"倭寇"。他们在中国东南沿海进行武装掠夺和骚扰，给沿海地区带来了深重的灾难。为抵御倭寇，朱元璋开始加强海防建设，在沿海设置卫、所体制，建立水军。直到明朝中期以后，戚继光组建戚家军，在沿海地区构筑水域，编练军队，才平定了倭寇，使海防得到了巩固。清朝前期，在明代卫、所体制的基础上，逐步将沿海建成了炮台要塞式的海岸防御体系。基于地理位置、经济文化等多方面考虑，逐渐形成了以舟山群岛等为代表的海岸要塞，以温州、吴淞口等为代表的海口要塞，以福州、厦门等为代表的海岸要塞，并建有外海水师。如今，这些海防工程大多已成为无言的建筑，向一代代人唱着属于它们的无声之歌。

"厝边头尾喊声轩行，相招去游福全古城。所内原是古代兵营，抗倭护境常常打赢。"福全古城曾是古代的兵营，在抗击倭寇的战斗中，这里的军民们创造了辉煌的战绩。这四句流传下来的闽南语，是人们对福全古城那段历史的歌颂。

福全古城位于福建省晋江市金井镇福全村，距今已有620多年的历史，是晋江市唯一保存相对完整的古城。宋代时，福全已是我国东南沿海有名的商贸港口。相传，某日一艘福船到此避风，海员们因留恋此地风景，便将船停泊在此，无心离开。于是，人们便将此地称为"福船"。因为"船"与"全"发音相似，渐渐地便将"福船"传作"福全"，沿用至今。明朝中期，这里成为防抗沿海倭寇骚扰的卫所城，建成后，附近的乡民纷纷移居城内，因此福全当地至今流传着"十三乡入城"的传说。到明朝中后期，福全更是人口稠密，住宅林立，有"百家姓，万人烟"之说。当时政府为便于管理，将古城划分为"十三境"，城中各境均有该境自奉的保护神，另外，全城还有四座共同奉祀的庙宇，福全村至今还保留有"十三境、十七庙"。

同所有戒备森严的卫所城一样，福全古城原本也有坚不可摧的高大城墙，但在1958年金门炮战期间，这些坚固的城墙均被拆除，建筑材料被运往前线砌筑炮台，村民便在原城墙处环植绿树作为标记。现如今，福全古城的城墙残垣犹在，城内的长街短巷也皆保存旧时格局，村中新房旧宅相间而坐，但所见却皆是新旧难辨的红砖厝、青石房，即使是年岁久远的古宅也由于受到主人们的悉心打理而丝毫没有染上岁月的风霜，反而在阳光和海风的抚触下变得别有风韵。

2. 防洪工程

海塘是人工修建的抵御海潮侵袭、防止海岸坍塌、保卫城乡安全的海堤工程，主要分布在沿海、滨海地区。海潮灾害是古往今来危害人类生命和财产安全的主要灾害之一，为此，沿海人民建筑起了滨海万里长城——海塘。

海塘与万里长城、京杭大运河并称为"中国古代三项伟大工程"，其规模之大、工程之艰巨、动员人数之多，都是十分惊人的。中国古代海塘遍布沿海各地，主要分布在江苏、浙江两省，其中以浙江海塘最为宏伟，始筑于秦汉，至今已有2000多年的历史，最早起源于钱塘江口。

随着东南沿海地区经济的发展，海塘数量逐渐增加，海塘的结构形式也逐步扩展。五代后梁开平四年（910），吴越王钱镠用"石囤木桩法"在杭州候潮门外和通江门外构筑海塘；南宋嘉定十五年（1222），浙西提举刘垕在当地创立土备塘和备塘河；元朝时，海塘建造技术有了进一步发展，此时修建的海塘塘基更加坚固，整体结构更加完善，抗潮能力更强；明嘉靖二十一年（1542），浙江水利佥事黄光升主持修筑海盐海塘，首创五纵五横鱼鳞大石塘，这是用条石纵横叠砌的重型石塘，塘基坚固，塘身严

图4-4　浙江海宁的鱼鳞石塘

密，但造价颇高。到了清代，钱塘江涌潮的主流仍然对着海宁、海盐、平湖等浙西沿海区域，因此这一带仍是海塘工程的重点。清康熙五十九年（1720），浙江巡抚朱轼综合多种治塘技术，在海宁老盐仓修建了500丈（约1665米）新式鱼鳞石塘，后被公认为海塘工程的"样塘"。清政府为了浙西的安全，将钱塘江北岸、受涌潮威胁最大的地区，一律改建成新式鱼鳞石塘。千百年来，苏、沪、浙海塘工程的发展，反映了当地人民与潮灾斗争的坚强毅力和聪明才智。海塘的修建，不仅阻挡了汹涌海潮的侵袭，漫长坚固的万里海塘还成为沿海广大军民抗击倭寇的重要防御工事，保护了沿海地区城镇和村落的安全。

二、产业景观

（一）海上浮城

水产养殖业是人类利用适宜水域，从事水生经济动、植物养殖的产业，是渔业的重要组成部分。人类从事水产养殖的时期较之采捕天然水产资源的捕捞业略晚。水产养殖业的出现和发展，标志着人类影响及控制水域能力的增强。我国水产养殖业历史悠久，早在殷末周初（约公元前1142），就已凿池养鱼；范蠡于春秋末年所著的《养鱼经》被认为是世界上最早的养鱼文献。东海海域广阔，气温适宜，经过劳动人民长期的摸索，总结形成了一套适宜当地的水产养殖系统。其中，尤以福建三都澳的渔排景观最为壮观。

三都澳位于福建北部，是国内少见的大内海湾，水域面积达714平方千米，但出海口宽度只有2.6千米，口小腹大的地形，使得无论海上风浪多大，这个四面环山的海湾总会风平浪静。这种独特的地形被人们誉为"海上天湖"。海湾遍布大小岛屿126个，其中最大的三都岛面积近30平方千米，于是人们统称该海湾为三都澳。

这里有成片不见尽头的渔排，渔排之上，矗立着一座座小屋。这些海上小屋，绵延数十里，面积达上百平方千米，既是全国最大的大

图4-5　福建省宁德市三都澳地区的海上浮城

黄鱼育苗养殖基地，也是全国最大的"海上村落"。波光粼粼的海面上，各式各样的房子错落有致地排开，俨然一座海上浮城。这里生活着来自全国各地的8000多个养殖户，他们一年中的绝大部分时间都"漂浮"在这片海面上。这片海，承载着无边的渔排，也托起了养殖户的希望。

海面上，所有渔排都绑缚在直径约半米的白色塑料泡沫上方，成片的渔排连接在一起，整齐地排列在水道两边，仿佛连环战船般漂浮在海面上。渔民把相邻的渔排固定在一起，这样能有效抵御风浪。为防止渔排"随波逐流"，渔排和海底之间用大拇指粗的绳子相连。如果从空中俯视，所有的渔排都呈现出"井"字形，养殖户将每一格称为"一框"。每一框的面积有十五六平方米，框里铺着渔网，养殖的黄鱼就一直生活在渔网里。框与框之间则用34厘米宽的厚木板隔开，这些木板也是渔民们步行的道路。

青山海区是三都澳渔排最密集的区域，仅该片海区就集中了近6万个网箱，每年约有几十亿元的产值，每一个渔民都可能身家上百万元，他们的资产不是存在银行，而是寄托在养殖渔排上，一尾尾大黄鱼或一只只鲍鱼就是他们最宝贵的资产。

（二）渔盐场

东海是我国渔业资源生产力最强的海域。2000年，我国大陆地区在该海域的捕捞量为625万吨，占大陆地区海洋捕捞总量的42%。东海海域内，福建沿海属亚热带海洋和大陆架浅海，海洋优势十分明显，海域面积约13.6万平方千米，比陆地面积大12.4%，海岸线长3752千米，居全国第二位。福建全省水深200米以内的海洋渔场面积达 12.51 万平方千米，浅海滩涂可利用的养殖面积达 1500 平方千米，已知的海洋鱼类有 700 余种，贝、藻、鱼、虾种类的数量居全国前列。东海海域内的浙江省东靠大海，内有江河，境内湖泊众多，水网密布，自古即为江南鱼米之乡，鱼盐之利，甚为丰饶。浙江省拥有全国最大的渔场——舟山渔场，全国最大的渔港——沈家门渔港。浙盐也因其制作的复杂性、历史的悠久性成为东海盐业的一大特色。浙江省的晒盐条件得天独厚，盐业生产具有悠久的历史，产量高、品质优良，舟山板盐以其色白、晶莹、质好、味鲜而声名远播。板盐生产工序多，生产条件严苛，盐民们不断积累经验、改进技术，创造了辉煌的盐业文明。

第二节 非物质文化景观

一、风俗习惯

（一）服饰

东海海域面积广阔，在茫茫大海的阻隔下，各地气候地理条件复杂多样，物产资源千差万别，人们的服饰也各具特色，样式丰富多彩。有的地方款式精巧，有的地方功能独特，有的地区注重配饰，有的地区注重图案花样，但服饰总归是要回归实用性的原则。东海海域渔民的服饰，具有强烈的海洋特色，大多注重其在海上作业或者渔业生产方面的实用性，以方便劳作、结实耐用、适宜生产为主要目的。

1. "节约衫，浪费裤"

惠安女是指生活在惠安东部沿海地区的崇武、山霞、涂寨、东岭、东桥、净峰、小岞等 7 个乡镇的广大农村妇女，也被称作"惠东女"。惠安女所生活的乡镇均处在环海的半岛上，她们与外界接触较少，故而形成了独特的族群。当地男子多出外谋生或出海打鱼，惠安女便成了家里的主要劳动力。开公路、修水

图 4-6 福建惠安女服饰

利、种田地、补渔网、扛石头、拉板车、锯木、驾船、晒盐、雕石，等等，基本都由女性完成。她们的服饰也与当地特殊的地理环境和人文环境相适应，是经过劳动选择的产物，具有明显的海洋文化特征。关于惠安女服饰的记载，较为系统详细的文献资料出现在清末以后。数百年间，她们的服饰多次变化，经历了从接袖衫、缀做衫到节约衫的演变，至今仍保持着"黄斗笠、花头巾、节约衫、贴背、银腰链、阔腿裤、绣拖鞋"的典型形制。

惠安女服饰的形成与这种海洋性环境息息相关，散文诗人陈志泽在《读泉州》中写道："头扎花头巾的村姑一群群走进鱼腥飘逸的乡村，宽大鲜艳的单色裤，是她们奇特的长裙，腰间饰挂的银链那么别致，大约是缆绳的象征？黄色的斗笠整日地戴着，这是一种什么习俗——在晴天里，也谨防那可能突发的急雨狂风？"

数百年来，惠安女的服饰既一脉相承，又有所发展，表明她们在适应劳作的同时，审美观念也在不断发展、更新。整体而言，惠安女的服装体现出了上装日渐短小、合体，下装保持不变的特色，服装的色彩逐渐由暗色向亮色过渡，服装装饰日益增多。

2. 笼裤

在舟山海洋非物质文化遗产整理普查中，笼裤是极有特点的服饰之一。舟山男子多穿笼裤，裤脚较短，裤筒较大，故而得名。笼裤的制作有诸多特点：一是笼裤为土布制成的单裤，质地厚实，耐磨耐穿，经济实惠；二是笼裤裤腰宽松且左右开衩，在开衩处缝上四条裤带，便于系扎；三是笼裤裤裆宽大，双腿下蹲上抬都无障碍，十分灵活。关于舟山笼裤的由来，有这样一个民间传说：从前有户人家，一家八口，阿爹、阿姆、三个儿子和三个媳妇。阿爹出海捕

图 4-7 穿笼裤的渔民

鱼，冬天时穿着棉衣、棉裤，西北风一刮，还是冻得够呛。阿爹让三个媳妇每人给他做件冬衣，要求保暖省钱又方便。大媳妇做了一件棉衣，二媳妇做了一件大棉衣，只有三媳妇坐在旁边闷声不吭，公婆问："老三，侬屋里做的衣裳呢？"老三笑笑，递过去一只小布包。阿爹打开一看，原来是一件土布做的单裤，大裤脚，宽裤腰，裤腰左右开了衩，衩口两边绣着八仙过海图。阿爹一试，刚好合身，舒服暖和，全家称奇，从此就有了笼裤。

3. 撩樵

"撩樵"是舟山地区的方言，相当于普通话中的"束腰带"。它一般用比较结实的粗布制成，一米多长，两个巴掌那么宽。渔民只要下海，就把它系在腰上。渔民这样做，一方面是为了系束衣裤预防寒冷，同时干起活来也可以使手脚利索；另一方面是为了保护腰肌，以防在高强度的捕捞作业中受伤。撩樵还可以当作救援工具，万一发生事故，可以解下来固定受伤位置、绑扎担架等。

4. 布襕

"布襕"是浙江渔区的方言，书面写作"裙裾"，即系在腰间长及膝盖的一块布，相当于做饭时用的围裙。渔民剖鱼作业时，布襕可以保护衣服不被弄脏；腌制枪蟹时，布襕可以揩手用；劳动结束后，布襕还可以把剩下来的小鱼小虾包裹在一起带回家，这个时候的布襕就相当于一个提篮。

正因为布襕的作用几乎万能，所以渔民们绝不轻看它。心灵手巧的渔妇在制作布襕的时候，往往会在上面绣上各种吉祥的图案，如"喜鹊登枝""腊梅迎春""鱼跃龙门"和"一帆风顺"等。在舟山群岛，布襕不但在渔家使用，而且在渔岛的农村也得到了广泛的使用，甚至它还被赋予某种神灵的属性。据说在南宋初年，康王赵构遭金兵追杀，从海路逃难到舟山一带。恰巧一个农妇在晒稻谷，康王就向她求救。眼见金兵就要追上，农妇灵机一动，让康王趴在田埂下，解下身上的布襕覆盖其上，再在上面撒上稻芒，使康王安全得救，所以舟山的渔民农妇还认为布襕具有驱鬼辟邪的作用。

（二）特色饮食

俗话说："一方水土养一方人。"每个地方因为气候、自然条件的不同，特产也各不一样。当地百姓在长期的尝试中摸索出最适宜的制作方式，用智慧将自然的馈赠变为可口的佳肴。土笋冻，一种由特有产品加工而成、起源于福建泉州、色香味俱佳的特色传统风味小吃。它的主原料是一种蠕虫，属于星虫动物门，学名可口革囊星虫，约有拇指长短，外形粗陋，颜色黑褐，粗者如食指，细者似稻茎，还拖着一条长有一两寸、细如

图 4-8　土笋冻

火柴梗、伸缩自如的"尾巴",这种蠕虫生长在江河入海处咸淡水交汇的滩涂上,在福建沿海地区及浙江沿海部分地区的滩涂均有生产。经过熬煮,虫体所含胶质溶入水中,冷却后即凝结成块状,其肉清,配上酱油、永春陈醋、蒜蓉,味美甘鲜,是福建泉州乃至泛闽南地区一带冬春季节的时令佳肴。

(三)婚丧习俗

婚丧嫁娶是人生中的大事,如何操办这些人生大事,让婚礼在生命中留下浓墨重彩的一笔,或在葬礼上为人生画上一个圆满的句号,各地百姓都颇费苦心。东海海域因其独特的地理位置和某些地区的社会结构、分工安排,在婚事和丧事上都有自己的特色,颇与内陆地区相异。

1.惠安女婚俗

惠安女的独特婚俗即指"长住娘家"的婚俗。"长住娘家"又称"不落夫家",指结婚后新娘要尽量避免与新郎同房,同时也不能在夫家长期居住,只有等到较大的传统节日或者农忙时才能到夫家小住,直到生了孩子,方可名正言顺地与丈夫共同生活。常住娘家的女性大多在夫家的时间非常短促,有的甚至结婚多年夫妻双方还互不相识。这种婚俗造成了很多的悲剧。它的形成与女子是家庭的主要劳动力有关,女孩的父母希望家里能够多些劳动力,从而阻止夫妻间的正常见面。

2. 舟山岱山渔家传统婚礼

舟山岱山渔家传统婚礼一般要经历"说媒""相亲""订婚""发聘""飨仙""迎娶""贺郎""吵（闹）新房""掇花""回门"等十道程序。每道程序均有严格的要求，内涵丰富。在婚礼的十道程序中，每道程序形式、内容及规格均有差别，视家庭经济实力而定。

其中"飨仙"一项花费最大，贫困人家一般用于长子，而富庶人家每子必飨。供祭"南朝一切圣众"时，要供全猪、全羊，又供五大红木祭盘的贵重祭品，并放在用珍木所制的紫红色搁几上，同时要请喜乐队赞礼。

旧时结婚，小岛多以花船代轿娶新娘，岱山岛屿小而多，限于交通不便或经济困难，只好把小渡船装扮成简易花轿，把新娘送过渡口到男家拜堂。

"公鸡陪房，小姑拜堂"是岱山渔家的另一奇特婚俗。按岛上习俗，婚期一经确定就不能改变，如新郎不能如期完婚，就请新郎之妹代兄拜堂，并由小姑手捧一只公鸡送入洞房。上述两例婚俗说明了群岛奇特的渔俗文化，充分显示出时代的烙印和区域的特色。

3. 舟山特殊葬礼

在舟山渔民中，存在一种称为"潮魂"的葬法。岱山四周皆海，捕鱼及出行均以木船为主要交通工具。旧时因船小，动力靠风，安全系数甚低，渔民经常遭遇海难事故。民间传说渔民如果在海上遇难死亡，魂魄就会游在大海之中，故要将亡者灵魂招至家中，以示对亡者的尊重和对亲属的安抚。潮魂分为两种：一种是"追魂"，即渔民淹死在海里，但已拾回尸体，不必用稻草人代替死者引魂；另一种是"招魂",即尸体没有捞上岸,必须用稻草人做替身。故在历史上,岱山渔区素有"十口棺材九口空,可怜只有稻草人"之说。

"招魂"时,必须要有"三堂轿",即将稻草人挂在海滩上竖起的竹竿上,或使稻草人坐于家堂的椅子上,或困于另一床铺上,分别称为"吊堂招""坐堂招"和"困堂招"。潮魂仪式由道士主持,道士率领亲属在夜晚抵达海滩。随带小唱班伴奏,亲属随之,并各执燃香一炷,其中一人手捧蒙面的公鸡。抵滩后,道士念咒、做法,并领众亲属绕道三圈,从海滩至家堂来回三次,每次沿途由亲人们不断地喊遇难者名字或加上辈分称呼的"来了,来了……"。亲娘叫之效果最好,俗话说:"他人喊五句、十句,勿如阿娘叫一句。"总之,尽快把亡魂引到灵堂,最后将活鸡缚于供桌角上,众人注视公鸡是否啄过桌上的酒或饭,如果啄过了,表明亡者已入魂。另一种说法是如果挂在竹竿上的稻草人掉下来了,就表明魂魄已招进。接着"潮魂"程序就宣告结束。择日出殡,选定时辰,将棺木抬往墓地安葬。

另一种特殊的海难葬礼称为"拾元宝"。民间历代相传,如果一艘渔船在海上遇险,周围其他的渔船便会放弃作业、抛弃网具,及时施救。有人落水,不论何方人氏,都当救不辞。如遇浮尸,不要急于去捞,要等海浪将其翻身后才可捞。捞尸时要用镶边篷布蒙住船眼睛,以辟邪气。渔民称"捞尸"为"拾元宝",以讨吉兆。无主尸便会被运回陆地埋葬,葬地较为集中的地方被称为"义冢地"。

2008年,舟山群岛的"潮魂"风俗被列入第二批市级非物质文化遗产名录。

（四）节日习俗

节日习俗的形成是一个地区历史文化长期积淀凝聚的过程。如今遗留在东海地区的节日习俗，有的起源于当地百姓自己的创造，根据本地的劳作时间和生活特色逐渐形成；有的则由外界传入，受制于当地地理条件的封闭性便一代代地流传了下来。

1. 枫亭游灯

福建省仙游县的枫亭镇，位于湄洲湾西畔，与台湾一水之隔，是联系湄洲湾北岸和南岸的中枢和纽带，素来是水陆交通要塞，享有"商贾之都"的美誉。枫亭游灯是在上元节前后五天，由民间自发组织的大型道教民俗祭祀活动。它源于中国古代的上元节迎神灯会，融合了北宋汴京城御街的游灯及踩街表演，历经千年，传承至今。枫亭游灯不仅集篝火、社火、放灯、游神、古巫、傩舞等民间文化于一体，而且传承了民间灯艺、曲艺、舞蹈、十音八乐、戏剧和杂技等各类技艺，并以游动的方式逐一呈现，从而构成了独具特色的艺术风格。2008年，"枫亭元宵游灯习俗"被正式列入第二批国家级非物质文化遗产名录。

2. 烧十庙·走十桥

东海汪洋之中的舟山群岛，多桥，更多庙，"烧十庙·走十桥"海洋信仰民俗就在这样的背景下诞生了。1991年出版的《舟山市志·民情风俗》记载："烧十庙·走十桥：正月初十和十五，老年妇女成群结队入庙烧香，合掌礼拜。正月十四，又去各桥头伏拜，插香烛于桥边。所祀的庙或桥必满十处。""烧十庙·走十桥"是舟山群岛非常普遍的民间信仰习俗活动，各岛的形式和内容基本相同，具有浓厚的海洋文化气息。由于舟山是一个海洋社会，男人多出海从事海上生产劳作，女人则留守岛上照顾家庭。如此特殊的海洋环境使得当地渔民尤其需要心灵寄托，也造就了当地浓郁的宗教信仰文化。这既展现了渔民身处海洋生活必须面临的苦难，又表达了渔民对这种苦难的抗争和祈求避免灾难的愿望。该习俗有很强大的生命力和发展力，在舟山群岛长久存在，至今仍然具有广泛的影响力。

3. 渔民谢洋节

渔民谢洋节是浙江舟山市岱山县渔区的一个民间传统节日，是岱山渔民庆贺丰收、祈求平安、保护海洋生态、倡导人与自然和谐相处的一项民间习俗。每逢农历六月二十三，渔汛结束，渔船泊岸，渔民进入休渔期（俗称大谢洋），遂即举行祭祀、娱乐及商贸等一系列大谢洋活动。主办方一般以自然村落、渔船或庙宇为单位，系列活动贯穿于整个休渔期始末，因此成为渔民们最为看重的文化盛会。

渔民谢洋节的主要载体是祭海仪式，是渔民们为感谢以东海龙王为代表的海上诸神灵而举行的一种祭祀活动，俗称"谢龙水酒"或"行文书"。祭海仪式一般于休渔期始在当地龙王宫、渔港码头或渔船上进行，现场放置龙王神位，摆桌置椅，燃香点烛，供以猪羊五牲及果蔬，渔民虔诚敬酒祈福。礼仪定式讲究，程序完整。仪式结束后，所有祭祀食物由渔民们集聚共餐，以示有福同享。此习俗千百年来代代相传，展示着东海海域渔民龙信仰的独特传统文化与浓厚的民俗内涵。

2005年以来，岱山县政府会同有关部门为抢救保护非物质文化遗产，传承祭海谢洋这一渔家习俗，投入2300余万元资金在古祭坛遗址上建造了我国首个大型祭海坛，并于每年东海区伏季休渔期举行规模盛大的"休渔谢洋"大典。谢洋大典以祭海为载体，在传统祭海习俗的基础上，融入"珍惜保护海洋、永续利用资源、与大海和谐相处"的理念，进一步丰富了传统祭海的涵义。此活动经各大媒体传播，在国内外引起了广泛影响。2008年，谢洋节被列入第二批国家级非物质文化遗产名录。

二、民间信仰

在我国东海的广阔海域里，诞生了丰富的信仰，这些信仰中，有来自佛教的、道教的，也有来自民间的、人们自己创造的神……如此丰富的民间信仰，伴随着东海悠久的渔业历史，支撑着人们渡过一个又一个难关，是渔民心中重要的精神支柱。

（一）妈祖

前文提到的"天后"信仰，在南方常称"妈祖"。这位对中国影响最大的航海保护神起源于东海海域的福建湄洲岛，源自北宋初期，传承至今已有1000多年的历史。妈祖信仰后来传播到世界20多个国家和地区，为2亿多民众所崇拜，并成为联系海内外华人、沟通世界各地文化的桥梁和精神纽带。

湄洲岛为妈祖祖庙所在地。妈祖祖庙祭典在每年农历三月二十三妈祖圣诞之日举行，行祭地点设在湄洲祖庙广场和新殿天后广场。祭典全程约需45分钟，规模有大、中、小三种，其程序包括：（1）擂鼓鸣炮；（2）仪仗队就位，乐生、舞生就位；（3）主祭人、陪祭人就位；（4）迎神上香；（5）奠帛；（6）诵读祝文；（7）跪拜叩首；（8）行初献之礼，奏和平乐；（9）行亚献之礼，奏乐；（10）行终献之礼，奏乐；（11）焚祝文，焚帛；（12）三跪九叩；（13）礼成。2004年10月，中华妈祖文化交流协会在福建莆田湄洲妈祖祖庙成立，为海内外妈祖文化机构和人员开展学术研究、进行联谊交流、弘扬妈祖文化、增进理解共识等提供重要平台。2006年，妈祖祭典被列入第一批国家级非物质文化遗产。2009年，妈祖信俗被列入人类非物质文化遗产代表作名录。

（二）观世音

在中国的江、浙、闽、广、台以及南洋华侨聚集地等，观世音信仰极为普及，所谓"家家阿弥陀，户户观世音"。浙江的舟山群岛，自古以来也一直被视为观世音菩萨应化的道场。观世音在东海渔民心目中，不仅是一位佛教信仰中的菩萨，同时还是一位"救苦救难、大慈大悲"拯救渔民于风口浪尖的海洋守护神。

（三）关帝

关帝信仰盛行于神州大地，在东海渔区也十分普遍。渔民以大海为家，常年置身于浩渺的海洋，这赋予了他们博大的胸怀和豪放的气概；他们四季漂泊于洪波巨浪中，时时与风险、海难打交道，需要相互救助，这使他们形成了"四海渔民是一家"的观念；而海上采捕，既要通天象、海况，又要会操航使橹、巧用网具，这迫使他们要充分发挥聪明才智，才能满载而归。关公的忠诚、信义和勇武正是在大海上讨生活的渔民们所崇敬和向往的高尚节操。

对关老爷的礼拜，主要体现在船上。福建、广东和浙江的宁波、温州、台州以及江苏的苏州、太仓等地的渔民，大多在船上设有敬奉关老爷的神龛，所以关老爷这个护渔神，与渔民的距离极近，他与渔民一起出海、一起打鱼、一起战风战浪。后来对关老爷的礼拜慢慢发展到了岛上，当地渔民一起建造起各种规模的关圣殿，还有一些是在供奉观世音、妈祖的庙宇里另外设置一尊关圣像，同时对他们进行礼拜。

（四）东海龙王

东海龙王是海内天子，丰收与否，安全与否，全凭海龙王做主，故而渔民敬仰之。龙王信仰与观世音、妈祖不同，龙王既有施恩于渔民，使得鱼丰人安的功绩，如浙江省舟山市定海区的岑港白老龙、长白小龙和上海市普陀区的桃花女龙等；又有祸害渔民、造成鱼枯船翻的危害，如上海市普陀区的网棋斗龙王、浙江省舟山市嵊泗县的鲁班斗龙王等。可见，东海渔民对龙王信仰明显具有双重心理。

"文身断发，以避蛟龙之害"，是龙敬畏与龙信仰忌讳的最突出体现。龙敬畏之俗的另一个表现是渔民在船头祭拜龙王的仪式，这种仪式主要是当渔民在海上遇到龙卷风、龙化水等灾难性气候时举行。凡有龙卷风和龙化水的预兆或现象发生时，海上渔民不论正在起网捞鱼，还是在返港航行途中，都会面对苍天，跪在船舱上叩头祈祷，求龙王保佑船人无恙，平安顺利，直至天象平和。

（五）鱼神

出海打鱼，渔民心里装着观世音、妈祖，船里供着关老爷。到了渔场，渔民们还要敬仰鱼神。鱼是渔民的主要食物，也是他们进行交换的核心资源，所以他们对鱼敬若神灵；另外，鱼的繁殖力很强，渔民希望自己能像鱼一样多子多孙，所以渐渐形成了鱼崇拜，同时又渐渐演化为渔区特有的风俗。

从鱼崇拜发展为鱼神信仰，体现了东海渔民对自然的敬畏之心。例如，浙江舟山群岛沈家门的鱼神信仰大致有两种：一种是以鲸鱼为鱼神。往昔，沈家门渔民把鲸鱼称为"乌耕将军"，每年立夏汛，有大批鲸鱼驱赶海豚横渡舟山海峡，致使鱼群涌至，渔民们敲锣打鼓、燃放鞭炮，并焚香叩拜，兴高采烈地举行盛大的"鱼祭"，场面十分火爆。另一种是以大海龟或大海鱼为鱼神，每当船只遇到大王乌贼等大鱼时，渔民便撒米粒、赠船旗、举行叩拜祭典，以求得到鱼神的庇护。据传，海上拦船、讨旗、乞米的鱼神，往往是些"海和尚"式的癞头鼋。

（六）潮神

渔民靠捕捞为生，而捕获量的多少，又与潮水的涨落有密切的关系，在没有科学地掌握潮水涨落规律的时代，渔民对潮水非常敬畏，渐渐地演变为潮神崇拜。

关于潮神的来源，一说是民间传说中的巡海夜叉，即东海龙王手下的镇潮大将；一说是由"人"上升为潮神的。后一类潮神主要是历史上实际存在过的各类名人，如大禹、伍子胥等，其中尤以伍子胥的传说影响最大。相传伍子胥受谗屈死，被抛尸海中，这种遭遇连天神也看不过去，就怒而涌起钱塘大潮表示抗议，伍子胥因此而被尊为潮神。浙江地区，每逢农历八月十六祭潮神时，供桌上要供潮神伍子胥的神像或马幛以及鱼肉、香烛、黄酒、纸箔等。若傍晚下海捉鱼，还要到海滩潮头烧些念过佛经的黄笺纸，俗称"龙心纸"，然后，再向伍子胥等潮神跪拜。

（七）网神

网是渔业活动的核心工具，有没有鱼，鱼多鱼少，鱼大鱼小，都通过网来体现，因此渔民对网非常敬畏，从敬畏上升为网神崇拜。民间认为伏羲仿蜘蛛结网之法，发明并教导人们使用渔网，故民间尊伏羲为网神，为渔业的祖师爷。清康熙年间，在浙江定海建有伏羲神庙，作为网神信仰供海岛民众祈福。关于网神的祭拜供品也较为独特。供品中，除了香烛和鱼肉外，还有一个特制的聚宝盆。聚宝盆是用糯米粉捏制而成的，里面放着四件宝贝：黄鱼、竹笋、葱和秤。亮晶晶的黄鱼意味着金银财富；竹笋寓意渔家生活如雨后春笋般节节升高；葱，谐音春，万物更新；秤，谐音称，网不虚发，称心如意。以上这些，不仅表达了海岛渔民对美好生活的向往，亦是网神信仰中的独特风俗。

（八）龙裤菩萨

龙裤菩萨是浙江舟山群岛"土生土长"的海洋神祇，而且还是一个"渔民菩萨"，诞生于舟山东极列岛。东极是东海最东端的地方，风急浪高，交通不便，很长时期内人迹罕至，但由于水下暗礁众多，各类渔业资源非常丰富，因此吸引着许多不畏艰险的渔民（主要来自福建和浙江台州一带）来这里捕鱼。传说在清道光年间，一批福建渔民来到东极海面捕鱼，不幸遇上了风暴，渔船触礁碎裂，渔民都落水身亡，只有一位名叫陈财伯的老渔民，凭着坚强的意志和过人的水性，爬上了荒无一人的东极岛。他在岛上艰难地生活，看到又有渔民来到这个暗礁丛生的海域捕鱼，便在黑夜里的山冈上燃起篝火为渔船导航。他死后，最早在岛上定居的渔民在搭盖自家草房的同时，又合资建了一座庙，塑了一尊渔民样貌的神像，以此作为岛上世代渔民对陈财伯的纪念。这就是龙裤菩萨的由来。东极列岛新塑造的神像并不是人们熟悉的神祇的样子，而是在模仿一个身穿直襟布衫、腰着似龙裤的百褶裙的渔民形象。这尊新的神像，是渔民们为自己所塑造的保护神形象，是渔民对掌控自身命运的意愿的一种隐晦表达。

三、民间艺术

（一）表演艺术

1. 大奏鼓

大奏鼓原名"车鼓亭"，是浙江省温岭市石塘镇一带流行的一种渔村传统舞蹈。据说大奏鼓随福建惠安渔民迁移流传到石塘，至今已有300多年的历史。

大奏鼓演奏由十来个男性渔民组成，但人数并不限定，舞者七至九人，也可以十几二十余人。男扮女装是大奏鼓最典型的特征。演奏者脸上涂白圈红，上身穿橘黄色的斜襟短袄，下穿深蓝色的大口裤，衣襟的边角上绣着橘红色的鱼纹图案花边，头戴橄榄形的黑色羊角帽，耳朵上挂着"黄金"大耳环，再套上手镯脚镯。演奏者光着粗大的脚板，走起路来扭扭捏捏，活像戏剧中的媒婆那样滑稽。演奏者中，两个扛大鼓，其中一个兼指挥，一个敲木鱼，两个敲小锣，一个敲大钹，一个敲小钹，一个敲铜钹，一个敲铜钟，两个敲钛锣。他们白脸、鱼冠、赤足上场，伴以锣鼓、唢呐声，起舞时一人为男性动作，其余为女性动作，

图 4-9　在沙滩上表演大奏鼓
（图片来源：《东山村传统村落调查登记表》）

图 4-10　大奏鼓中的唢呐表演
（图片来源：《东山村传统村落调查登记表》）

腾挪跳跃，鼓声咚咚。他们自由跳，自由舞，叉开两腿，摇摆着身子，两只大手有力地挥动着鼓槌，左纵右跳，随着大鼓的节奏，不断变换队形，边敲边舞，伴以锣鼓唢呐，热烈粗犷，幽默诙谐。表演既奔放又含蓄，一会儿是灵魂的呐喊，一会儿是生命的细语，既体现了大海的多重性格，又展现了渔民内在的情感冲动及征服大海的自信。整个表演以唢呐和扁鼓为基调，舞姿粗犷，节奏明快，音调热烈，反映渔民满载而归的欢乐心情。

这样的表演在汉族舞蹈中并不多见，富有渔村独特的地方色彩。

《中国民间舞蹈集成大全》称大奏鼓是中国唯一一支渔村舞蹈，是中国渔村第一舞，曾获全国民间舞蹈奖。2008年6月，大奏鼓被列入第二批国家级非物质文化遗产名录。

2. 浙江渔民号子

渔民号子是渔民、船工世代相传的海洋民间口头音乐。在还没有机械化的古代，渔船出海打鱼的一切工序，都靠人工进行，而且大部分工作都需要集体进行。木帆船时代，船上起锚、拔篷、摇橹、起网等大量工序异常繁重，需要多人配合才能完成，为了协调用力、缓解疲劳，船上渔民、船工遂在劳作之时创作了渔民号子。喊号子既能保证行动的统一性，又能通过调节情绪来提高工作效率。渔民号子的旋律高亢激昂，节奏强烈，整体风格粗犷、豪迈、雄厚有力，演唱形式为本地方言，一般有调少词、多用语气衬词。演唱时，由船老大领唱，其余人和唱跟进，没有任何乐器演奏，是纯粹原生态的男性粗犷豪迈音色的展示。这样长期的应用与传唱，渔民号子逐渐作为一种音乐传承下来，这些号子朴实酣畅，透射着浓浓的海洋气息。

浙江的舟山渔民号子已形成系列曲调，在风格上有着鲜明的个性及地方特色。2008年，舟山渔民号子被列入第二批国家级非物质文化遗产名录。与之类似的浙江象山渔民号子在2011年被列入第三批国家级非物质文化遗产名录。

（二）手工技艺

海洋剪纸是石塘渔村海洋文化中一朵灿烂夺目的奇葩，它与"大奏鼓""七夕节""元宵节"等一起，共同为温岭海洋文化增光添彩。

这朵奇葩，奇就奇在它虽然具有千姿百态的外形，却都围绕一个题材——海洋及与海洋相关的人、船、网、鱼、虾，等等；奇就奇在它形成了一个庞大的族群。大海，温柔起来像慈母，咆哮起来像怒狮；它给人类带来无穷的财富，也给人类制造深重的灾难；它令多少人向往，又令多少人恐惧。人类对大海的敬畏之感也油然而生。生长在东海之滨的东山剪纸艺术家，他们对海的感受更深刻、更细致，从海洋及其有关的事物中获得创作灵感便是很自然的事。而对于那些远离海洋的剪纸爱好者和欣赏者来说，受海洋神秘感的驱使，对以海洋为题材的剪纸作品更加赏识、更有好感，也是很自

图 4-11
浙江温岭的海洋题材剪纸

然的事。于是，海洋题材的剪纸作品纷纷面世，甚至漂洋过海登上欧洲艺术殿堂。

第三节
典型村落

一、青观顶村

在福建省东部海域中有一个叫平潭的岛县，它西临海坛海峡，与福州市相望，东临台湾海峡，与台湾新竹相距约126千米，是祖国大陆与台湾岛距离最近的地方。2010年，经国务院批准，平潭县改立为平潭综合实验区。"千礁岛县"平潭的主岛是海坛岛，亦称平潭岛，以形似坛、兀峙海中而得名。岛上时常"东来岚气弥漫"，故别称"东岚"。据中国科学院的专家考证，经过几千万年的岁月变迁，海坛岛才逐渐从海底升起成为岛屿。海坛岛地势低平，中部略高，地形以海积平原为主，南北有孤丘，海岸线蜿蜒曲折。岛上海蚀地貌十分典型，有罕见的花岗岩海蚀柱、海蚀崖风动石和球状风化花岗岩等。

从地图上看，敖东镇青观顶村就坐落在海坛岛的"麒麟"后蹄处，是一个典型的景中村，更是一个极具特色的平潭传统渔村。目前全村常住人口1253人，村域面积约1.84平方千米，主要语言为闽中方言，有较多无人居住的旧石厝。2014年，青观顶村入选第三批中国传统村落名录；2015年又被列入中央财政支持的中国传统村落名单。

在青观顶村一处石洞外，有一块刻着"大福迁青观顶村祖居"字样的石壁。据民国《平潭县志》《福州府志》记载，平潭的先民自闽东、闽中、闽南等地迁徙至海岛。至清代，青观顶村基本形成。青观顶村村庄的选址及修建因地制宜，展现山、海、田、村相结合的独特村庄格局，蕴涵着独特的风水理念和生态观念。随着时代的发展，部分原住居民外出居住，居住在村内的村民仍保持着原来的生活方式。青观顶村是代表渔农文化的典型村落。

其村落特色与价值主要包括以下几个方面：

（一）石头厝

"平潭岛，光长石头不长草，风沙满地跑，房子像碉堡……"古老的民谣诉说着平潭岛石头厝的故事。这里属南亚热带半湿润海洋季风气候区，降水及径流具有时空差异大的特点，水资源严重不足，而且全年多大风，尤其7至9月份常受热带风暴影响，台风、暴雨等气象灾害较多。为了顺应自然，古代的村民便就地取材建造了石头厝，这些独特的石头民居冬暖夏凉，还可以抵挡海岛的大风大浪，以及潮湿等各种恶劣天气。

青观顶村传统建筑占村庄建筑总面积的30%，石头厝建筑保存状况较好，建筑风貌基本统一，站在山顶眺望，蔚为壮观。成片的石头厝犹如跳动的音符，令人遐想。经过仔细观察，青观顶村的石头厝从地基到墙面，从门框到梁柱基本都采用周边山体上的花岗岩石料，包括屋顶压瓦石、围墙等，都用的是石头材料。这里的古厝色调统一，整体上给人洁净明丽之感，而且大都是较为少见的"六扇厝"结构，即房屋是一厅四房的布局。此外，还有一种是更为少见的"三道厝"结构，这种布局实际上是将整座房屋分成前房、中院、后房三套，从前只有大户人家才住得了这样的房子。现在村里最主要的两座古厝是距今已有300多年历史的林姓故居。

（二）将军山

青观顶村位于海坛岛最南端，境内有将军山，原名老虎山，海拔104米，面积约1.1平方千米，山势临海而起，险峻陡峭，让人不禁赞叹大自然的鬼斧神工。自国民党退居台湾以来，这里就是我国重要的军事驻地，为了纪念1996年初春三军联合演习期间，108位将军亲临指挥，登山观战的盛况，县政府于同年4月1日决定将山名更改为"将军山"。该山与敖东镇大福村的东边山连成一脉，共同组成海坛国家重点风景名胜区——青观顶景区。

（三）"一片瓦"

青观顶村有个传承了几百年的巨石屋——"一片瓦"。"一片瓦"地处东边山的山腰，远远望去，一块巨大的岩石依山而卧。巨石底部平坦，下方三面有壁，形成一个天然的"石屋"，巨石如同一片瓦片盖在"石屋"之上。岩石上方刻有四个苍劲有力的大字——"片瓦仙踪"，这四个字出自当代著名书法家余险峰之手。清代平潭举人林琪树游览后曾在旁边的石碑上留下了"浑然片瓦盖名山，别有洞天在此间。踪迹去来人不见，只看峰上白云还"的诗句。

"一片瓦"巨石刚好位于九龙洞南侧下方,巨石长12.8米,宽10米,厚5.8米。这洞内有三个分岔口,一洞口可通至"一片瓦",一洞口可达山后青观顶村,另一洞口直通山巅。在"一片瓦"前方有一口石井,传说是铁拐李路过这里时留下的。相传,铁拐李从南海龙宫赴宴归来途中,天气炎热,一葫芦酒很快就喝光了,口干舌燥的他翻了几个云头,来到平潭东边山上空,看见下面"一片瓦"风景如画,就按下云头去找水喝。但是这地方靠海近,水都是咸的,找来找去,四周都没有淡水。铁拐李气得跺了一脚,留下了仙人大脚印。就在脚印附近平坦的岩石上,铁拐李念着咒语做法,用拐杖轻轻一点,岩石中便出现了一个窟窿,形似一口小井,瞬间从井底冒出一股泉水。铁拐李用葫芦盛起水喝,水清味甜,他连声说道:"好水!好水!"于是喝完了再盛一葫芦,喝完了又盛了一葫芦才离开此地。从此,"一片瓦"就留下了这口常年不干的水井。

(四)拗九

每到农历正月二十九,青观顶村家家户户都要包"拗九丸"。这是一种用薯粉和熟番薯混合舂成的有弹性的粉团,一般以糖或海鲜为馅,捏成"烧卖"形或饺子形,或蒸或煮。这是后九节的传统,因为正月二十九是正月里最后一个逢九的日子,所以称为"后九节",也就是"拗九""孝九"。在过去,城关有的人家还煮"拗九粥",粥里有花生、红枣、瓜条、龙眼肉等。此外还有"过九"的习俗,家中不论男女老幼,岁数逢九的叫作"明九",岁数是九的倍数的称为"暗九",不论"明九"还是"暗九",后九节时都会被亲戚请去吃"拗九粥(丸)""太平面"等,这种习俗就叫作"过九"。如果一家之中同时有两人逢九，往往要邀请另一位逢九的亲友过来凑成"奇数"，以示吉利。

二、松岐村

孙中山先生曾在《建国方略》中提道"世界不多，中国仅有"，这说的就是中国1.84万千米黄金海岸线的中点——三都澳。"海上天湖"三都澳位于福建省宁德市的东南面，是闽东沿海的"出入门户，五邑咽喉"，亦是"世界最深的不冻良港"。三都澳海域主要由宁德市蕉城区、福安市、霞浦县和福州市罗源县管辖，其中蕉城区是环三都澳区域中心城市的核心区。位于蕉城区的三都镇是闽东三个海岛乡镇之一，明朝建制时被列为第三都，故而得名。

三都镇属于亚热带季风气候，夏无酷热，冬无严寒，四季如春，雨水充沛，雨热同期。适宜的气候条件与天然的地理区位优势使得这里水产生物种类繁多，渔业资源丰富，成为宁德市的主要渔区。三都岛为闽东第二大岛，也是三都镇最大的单岛。其地势西高东低，呈哑铃形低丘陵地貌，风光卓绝，岛山环拱，海蚀地貌经典，而且历史悠久，人文底蕴深厚，融中、西多元文化于一体，是福建省首批十大美丽海岛、2013年中国百座海洋宝岛之一。松岐村坐落在三都岛西南部，也是三都镇政府驻地，辖罗厝里、孙厝里、堤埕、里澳4个自然村。相传村东有九棵水松，故名松岐村。

三都镇作为中国东南海沿海大通道的前沿区域和连接中西部内陆省份的主要出海口，清康熙二十三年（1684）清政府就在此设立了税务总口，下辖9个口岸。美国、英国、日本、法国、俄国等13

滨海传统村落

图 4-12　三都澳的海上渔家
（图片来源：周志强 摄）

个国家的21家公司曾在此设立洋行，中国轮船公司、中国保险公司等15家财团、钱庄曾在此设立经营机构，中央银行、交通银行、农业银行这3家当时最大的银行也曾在此设立分行。1905年，清政府在此设立电报局，即"三都澳邮政总局"，在当时全国35个邮局中列第21位，居福州、厦门之上。二十世纪三四十年代，这里的省立福建三都中学是当时闽东的最高学府，为闽东培养出大批人才。到民国时期，这里一度成为闽东的政治中心、经济中心和对外交流中心。近代，这里曾作为闽东党组织的重要联系点，人们熟知的百克医院就是闽东党史上著名的交通站之一。

村落特色与价值主要包括以下几个方面：

（一）"海上浮城"

松岐村有被称为"东方威尼斯"的海上人工养殖景观区，海上渔户相连，下为网箱养殖，上可住人。万余座渔屋迤逦于千顷碧波之上，绵延数十千米，形成了最独特的海上社区。这样的养殖方式代代传承，如今这里的渔排规模虽小，但仍可窥见以往养殖业的繁盛。

（二）福海关历史遗迹

在三都镇下船，左边是海军驻地，向右拐是一条狭窄的长街，街上许多房屋是二十世纪六七十年代的式样。步行在松岐村孙厝里，上山的石板路边长满了茅草、野葛和小灌木，绕过小松林，一座西洋别墅赫然出现在眼前。别墅共有两层，底层三面均有外廊，

滨 海 传 统 村 落

图 4-13　福海关税务司旧址
（图片来源：陈金标 摄）

外墙以明黄色粉饰，加上紫红色的百叶门窗、天蓝色的栏杆，构成了典型的晚清西洋建筑。这就是税务司公馆楼，是福海关留下的实物遗存之一。与福州、厦门不同，三都港是清政府主动开埠的，是中国第一个因茶而设的海关，但福海关税务司由英国人直接掌管。20世纪头30多年，曾是这里的黄金时代，以闽东茶叶出口贸易为主的"海上丝绸"之路由此香飘英国等西方国家。由于海上茶叶出口贸易的鼎盛，从太平洋彼岸飘来的异域文化与本土文化在此相互碰撞。

站在别墅边的菜地远眺,可以看到山脚下矗立着一座欧式修女院。清光绪十七年(1891)修女院在松岐村罗厝里始建,1934年由西班牙籍主教赵炳文重修。这座被树木掩映的圣道明修女院为城堡式结构,长长的拱形走廊环布四周,中间为露天花园。简约的门窗雕刻风格使这座衰败的建筑依然显露出优雅的气质。

修女院前方不足100米处,就是一座用白石砌成的哥特式天主教堂。它小巧精致,非常漂亮,金黄色的夕阳照射在教堂塔顶,显得

图 4-14　松岐村圣道明修女院

十分宁静庄重。这座天主教堂始建于 1932 年，由梵蒂冈罗马教廷拨款修建。它坐西向东，高 15 米，正面三间宽 17 米，深 21 米。教堂为石木钢筋混凝土混合结构，人字形屋架，檩椽木构，天棚为穹隆式，左右两侧共 12 窗，后厅为四方顶，大门两侧置抱鼓石一对。建筑面积约 600 平方米，为 15 世纪文艺复兴时期西班牙哥特式建筑风格。大门正上方竖十字架，下书"天主堂"三字，教堂右侧有聚教楼一栋，为神职人员住处。

图 4-15　松岐村天主教堂
（图片来源：吴宁俊 摄）

1944年6月，日军轰炸三都岛，使这里的建筑物几成废墟，仅存天主教堂、修女院和福海关三座建筑。这些建筑是三都岛多元文化和独特人文底蕴的见证，也是印证福海关曾经存在的重要历史遗迹。

（三）抗战记忆——三都岛革命烈士陵园

松岐村内还有一座革命烈士陵园。1949年8月12日，中国人民解放军第三野战军第

图4-16　东山村古建筑群
（图片来源：《东山村传统村落调查登记表》）

七兵团第二十一军第三十六师第一八八和一九九团在解放三都战役中，与国民党守军展开激战，在王家山等地击溃、歼灭大部残敌，为解放宁德建立了不朽功勋。是役，人民解放军战士牺牲29人。中华人民共和国成立初期，又有8名驻岛战士先后英勇牺牲。1950年2月，三都公安派出所所长吕学政在与三都反动帮会大刀会会徒搏斗中，因寡不敌众牺牲。2010年，年近八旬的贤达老人陈祖成先生，与党政干部、驻岛官兵及当地乡亲，历经千辛万苦，在三都岛寻找到了38具烈士遗骸。在各级党委、政府的支持下，当地多方筹资修建了三都革命烈士墓，于2012年竣工，并将38具革命先烈遗骸、衣冠集中葬于此地，以纪念他们不朽的功勋。2015年，三都镇党委、政府着手对三都岛革命烈士陵园进行了改建。

三、东山村

东山村，位于温岭市东南沿海，石塘镇的西南部，三面环海，面积约0.35平方千米。这是一个古老的渔村，碧海环抱，山海石相映成趣，具有旖旎的海滨风光。它始建于宋元时期；明正统二年（1437），福建漳州平和、泉州惠安的陈、梁、胡、林、黄等姓氏族人迁来东山定居，此后绵延不断；清康熙年间解除沿海海禁后至雍正年间，福建渔民迁徙至此达到一个高潮，他们的子孙在此繁衍生息，通过不断扩建形成了今日的格局。全村现有387户，1143人，12个自然小组。村年集体经济收入约30万元，村民年人均收入2万多元，是一个以海洋捕捞为主要产业的渔业村。

2014年，东山村入选第三批中国传统村落名录。入选理由是东山村保留了较多的传统石屋,以及当地正月扛台阁、清明节、七月七小人节、冬至等传统民俗保存较好。此外,当地居民多迁自福建泉州,该村保留的石塘七夕习俗(俗称七夕小人节)被列入第三批国家级非物质文化遗产扩展项目名录。

(一)东山村古建筑群

东山村是一个地处台风带的濒海渔村,抗风成为村民日常生活中必须面对的挑战。选择在山岙里建村子,既可以借助山岙减缓风力,相对比较安全;也可以利用山岙风平浪静的环境建设渔港,得地利之便。东山村的村民就地取材,依山就势建造房屋,建筑布局密集,面向大海构成了独特的格局与风貌。东山村在清雍正年间开始形成规模,是浙江沿海保存较为完整的清民居古建筑群。这里的楼房、道路皆用石块垒筑,颇具特色。古朴的石头小径贯穿全村,石头屋依山而建,层层升高,错落有致,浑然一体,形成独具特色的建筑风格。

东山村石屋民居多为古堡式块石结构,大多以三合院、四合院为主,多为两层。院落的正屋为三开间、五开间,明、次间多抬梁与穿斗相结合,为五架梁带前廊用四柱或七架梁带前廊用五柱,明间是供奉和祭祀祖先的场所。左右厢房有一间或两间的,进门多为三间,有的用匾额或楹联来增添建筑的文化品位,显得与众不同;有的则在石屋门口悬挂海螺,于细节处体现渔村特有的景致,别具一格。窗高而小,是为防止台风袭击,且不易遭敌人攻破,一些窗户上还有石板遮阳与窗台。院落的天井比较狭小,石板铺地。屋顶多为硬山二坡顶,也有四坡顶,小青瓦,上面密密麻麻地压着小条石以防风。合院外侧为石头材质,小石块垒成,石头拼接不整齐,用黄泥抹缝。内院为柱梁承重木结构，石板铺地，门窗洞口尺寸小。讲究的则在墙体上部或窗楣上使用一些胭脂红砖或瓦片做装饰，石屋由山脚向海边伸展。

东山村石屋的建筑风格，既有一般石建筑的共性，如线条简约、质地厚实、经久耐用，又具有海边建筑的特色，其对台风等自然灾害和倭寇、海盗等人为破坏的突出防御性以及建筑的独特性大大地丰富了中国乡土建筑的类型。这些鳞次栉比的石屋，与东山怪石嶙峋的山、广垠浩瀚的海、古老淳朴的渔区风情、悠久的历史文化相得益彰，一年四季都吸引着全国各地的美术家、摄影家和作家到此写生、取景、寻访，具有独特的历史艺术价值。

1. 双天井民居

双天井民居是村中规模最大的石屋，位于天黄王庙一侧的东山村中路，为传统四合院形制，建于清末民初年间。石屋坐北朝南，建筑通面宽 18.98 米，进深 12.84 米，总占地面积为 243.5 平方米，建筑面积为 471 平方米。其院落布局比较特别，不像普通房屋那样纵向分布，而是水平展开，左右毗邻。这是根据当地平地窄少的特点而做的变通。因地制宜的智慧，是百姓的生存之道。每一个院落都由台门、左右厢房及正厅组成，两层单檐式，中为天井，用石板铺地。两个院落间由夹厢沟通，既相对独立，又相连相融，构成了有机的整体。两个天井都很窄小，抬头仰望，四周的屋檐围合成一个"口"字，框出一方蓝天白云。该民居具有典型的石塘石屋古建筑风格，对研究当地古建筑的形制、布局以及施工技术提供了很好的范本，具有一定的文化、艺术和历史价值。

图 4-17　东山村双天井民居
（图片来源：《东山村传统村落调查登记表》）

2. 保界庙——天黄王庙

箬山的每个村几乎都有一个保界庙，像里箬村的玄天上帝庙、东兴村的禹王庙。天黄王庙是东山村的保界庙。天黄王庙规模不大，面阔不过三开间，大约 10 米，进深约 7 米，但开阔的庙前广场，还有高高的台基，使它显示出了不同于普通民居的威严气势。广场前方为戏台，与庙殿两两相望。天黄王庙、庙前广场和戏台构成了村落最大的公共空间。天黄王庙奉祀的主神有两位，一位是天王，一位是黄王。每年两次的神诞日，即农历九月十一的天王诞、农历六月二十六的黄王诞,根据民俗要演戏庆贺。此际,俎豆馨香,吹拉弹唱,人头攒动,好不热闹,不仅是神在过节,人也在过节,一片喜气洋洋。娱神,最终成了娱人。

(二)小人节

每年的农历七月初七,石塘箬山一带有小孩的家庭都要过传统的七夕小人节。这一习俗是从福建闽南传过来的,因为箬山一带的原住居民,其祖先大多都是300多年前陆续从闽南沿海一带迁移过来的。七夕小人节祭拜的对

图 4-18 七夕小人节彩亭中的戏曲人物
(图片来源:《东山村传统村落调查登记表》)

象是七娘妈，也就是七仙女，在闽南人心目中，七娘妈是美丽、善良、慈爱、吉祥的化身，她们能庇佑小孩子健康成长。因此，每年的农历七月初七，信佛的家庭都要祭拜七娘夫人，以保佑家中 16 岁以下的孩子平安长大。

在祭拜时，还要有特殊的道具，即彩亭或彩轿、七娘妈座。过去是男孩子用彩亭，女孩子用彩轿，如今多数女孩子也用彩亭。经济较为拮据的家庭也可用七娘妈座来代替。彩亭和彩轿都是用竹条和五彩纸扎制而成的，其中彩亭制作最为精致，它呈半边状立体造型，正面凸出，背面平直。1 至 15 岁小孩子用的彩亭都是两层结构，上层是半边亭子形状，底层

图 4-19 七夕小人节的七娘妈座
（图片来源：《东山村传统村落调查登记表》）

中间是"七娘宫",里面供有 7 位七娘妈的画像,底层两边是用彩纸做成的围墙,围墙旁边还做有假山、花草、盆景等。彩亭上下两层还插有各式各样的小纸人,这些小纸人是彩亭的主角。一个彩亭的优劣,主要取决于小纸人的制作是否精美。小纸人都是戏曲人物造型,有岳飞、孙悟空、八仙等,惟妙惟肖,栩栩如生。纸轿的制作,比彩亭制作简单得多。它是模仿民间花轿的样子,扎糊一个尖顶的轿子,两边一副轿杠,里面一个小偶人即可。七娘妈座则最简易,一张尺许长的长方形硬纸板,下面粘贴上 7 位七娘妈人偶,背面穿扎两根细竹片固定即可。

七夕小人节即将到来前,人们每天点香祭拜。七月七当天早上,人们在门口摆起一张或两张供桌,在供桌上置放彩亭、彩轿或七娘妈座,以及三牲(五牲)、五果、六菜、四福食等各种供品。所谓五牲就是雄鸡、猪肉、墨鱼鲞、黄鱼鲞、猪肝等。16 岁的男孩子是最后一年过七夕小人节,雄鸡头是必不可少的,且雄鸡两翅要背向后与鸡头扎在一起,尾巴上要留几根鸡毛,喻示孩子长大成人,从此展翅高飞。五果即时令水果,如苹果、梨、香蕉、李、红毛丹、柑橘、西瓜等。六菜即米面、麦面、木耳、香菇、黄花菜、金针菇等。四福食则是糖龟(音 jiū)、粽子、索面、馒头等。如今,随着生活水平的提高,人们对吃不是那么在意了,最近一二十年间,请客的习俗就日渐式微了。不过,农历七月初七这天,人们照例为 16 岁以下的孩子过小人节,定制彩亭,供奉祭祀,热闹非凡。

经久不衰的七夕小人节,成为传统节日演变的活化石,也成了荏苒时光中最多情、最温暖的记忆。如今,因其独特的内涵与魅力,2011 年 5 月,七夕小人节(石塘七夕习俗)被列入第三批国家级非物质文化遗产扩展项目名录。

图 4-20 七夕小人节祭祀场面
（图片来源：《东山村传统村落调查登记表》）

（三）传统美食

东山村人逢年过节都爱做糖龟，这是当地特有的一种食品。糖龟的原料是糯米粉、早米粉和红糖，按比例将糯米粉、早米粉和好，再和红糖拌匀。等锅里的水烧开后，将和好的粉往蒸笼里倒，先撒一层，待粉熟了一些后，再撒上一层，直到将蒸笼倒满。待蒸笼里的粉完全熟透后，再将它放到石臼里捣，举杵的人要稳、准、狠，翻糕坯的人出手要利索、迅速，双方配合默契，才能把糕坯捣匀、捣透，才能使做成的糖龟带点韧性。这时，结实的揉糕板早已铺好，七八位帮忙者各就各位净手以待。糕坯冷了就揉不成糕了，所以必须趁热打铁。每人面前都放了一个木制长方形的糖龟印，糖龟印家家刻制的都不一样，但占据模具中心的主体是一只变形的乌龟，有长寿的内涵。乌龟的外形轮廓有长方形、六角形、椭圆形、菱形和葫芦形等。在这一轮廓内选用佛手、梅花、喜鹊、鱼虾等形象，组成一个"寿"字，四角配以吉祥如意或福、禄、寿、喜等图案。模具雕刻质朴自然，图案均衡完整。做糕者扯下一团糕坯，揉搓成圆筒状，往模子里压，压得满满当当，四角都不能留有空隙。然后打开框架把糖龟拍打出来。糖龟棱角饱满，有浮雕式的人物和花鸟，更兼福、禄、寿、喜等字样，精致而吉庆。

东山村村民多数以捕鱼为生，家家户户都会做鱼面，鱼面吃起来既有鱼香又有韧劲。用刀将鲜鱼肉刮出来，以两份鱼肉、一份山粉（番薯粉）的比例混合，敲打成半透明的薄饼状，放在平底锅上小火烘烤，待鱼肉饼的鱼香味烘出来后，将其取出切成丝状晒干，因形似面条，故称鱼面。鱼面可做汤菜或烧点心，鲜味可口，风味独特。

四、东沙村（社区）

东沙镇位于浙江省舟山市岱山岛西北端，三面环山，一面濒海。镇区坐落于湾东角——史称"东沙角"，由此得名。境内有东垦山、大寨子山、小寨子山等岛屿，总面积23.46平方千米。最大的海湾由西沙角、念母岙、沙河口自西而东环列，至山渚头岬角形成半圈状。东沙镇地势南高北低，气候冬暖夏凉。全镇辖东沙、桥头、泥峙、司基四个新型社区及渔业专业经济合作社。

东沙镇历史悠久。境内位于念母的北畚斗新石器文化遗址表明3000—4000年前东沙已有人类生息。相传2000多年前秦方士徐福为秦始皇求长生不老药，曾由东沙角山嘴头上岸，涉足蓬莱山（岱山古称）。东沙古镇建制于唐，兴盛于清。据《中国渔业史》记载，东沙渔港形成于清康熙年间，之后每逢渔汛，各地渔船聚集东沙，船以千计，人达数万。东沙遂以渔兴市，以市兴镇，成为中国东部沿海著名的渔业商埠。与鱼货交易相关的一批"老字号"商铺也随之兴起，诸如严永顺米店、三阳泰南货、鼎和园香干、聚泰祥布庄、王茂兴老酒等。悠久的历史、繁荣的商贸，积淀成东沙独特的文化底蕴和人文内涵。2012年，舟山市岱山县东沙镇东沙村入选第一批中国传统村落名录。东沙镇具有深厚的文化积淀、悠久的历史和繁荣的经贸，形成了东沙镇特有的建筑文化、宗教文化、饮食文化等。

（一）建筑遗迹——"原汁原味的海上影视城"东沙古镇

东沙有好几条悠悠的古巷，许多古色古香的民宅，一间间留着旧商号印迹的店铺，还有渔厂、盐坨、货栈等。遍布镇区的古建筑成为东沙的第一大特色，现存的近百处古建筑中，最早的已有200多年的历史，100年左右的建筑随处可见。整个镇区纵街横巷，井然有序，房屋建筑布局严谨、结构牢固，房屋错落有致，所处地势开阔，南高北低，有一定的层次感；不少房屋建在海边，带有浓浓的"海味"；建筑风格多样，集各地之大成而独具自身特色，既有四合院式的民居建筑、宏伟气派的宗祠建筑、古朴典雅的庙宇建筑，又有功能各异的商号建筑，还有近代欧式建筑；建筑用料特别讲究，不少殷实人家的厅院立柱所用材料大多是专程从福建北部山区运来的樟树、柏树、杉树等，厅院用平直石板铺设，屋墙石料也多用大理石、花岗石等上等石材。

因其风格各异的古建筑，东沙相继成为《地下秘密战》《千山暮雪》《苦瓜弄》《徐福东渡传奇》《东方欲晓》等多部影视剧的内外景拍摄地，被一些影视界行家称为"原汁原味的海上影视城"。

（二）徐福东渡传说及遗迹

相传，公元前210年，秦朝方士徐福奉秦始皇之命，率3000名童男童女和百工，携带五谷种子，乘船东渡，寻找海上"蓬莱、方丈、瀛洲"3座神山，采长生不老之药。因岱山自唐开元年始1000多年来一直被列朝命名为"蓬莱乡"，素有"蓬莱仙岛"的美誉。相传当年徐福率大军于宁波慈溪达蓬山起航，曾抵达岱山，后又东渡日本隐居。故在民间有徐福到过岱山之说，并留下了与徐福有关的种种传说。

《史记》《岱山镇志》《康熙定海县志》《定海厅志》《岱山县志》等书对岱山的"徐福东渡传说"均有相关记载。在岱山民间，千百年来留下了"徐福三下蓬莱岛""蓬莱岛上的徐福种子""海天一览亭与徐福的传说""紫霞洞的传说"等民间故事。在岱山境内，还留下了徐福东渡的有关建筑、雕塑等载体。清光绪年间，建于东沙山嘴头的"海天一览亭"上，书有"停桡欲访徐方士，隔水相招梅子真"的楹联。岱山最高峰磨心山上，建有徐福公祠、广场及徐福石雕像。在东沙小岭墩，建有徐福祠和大型青石浮雕的徐福碑，供人们瞻仰。此外，民间相传马齿苋（岱山俗称"瓜子苋"）、灵芝均为当年徐福采到的仙草。

（三）羊府宫

羊府宫始建于清乾隆二十年（1755），至今已有260多年历史，是东沙现存较完整的古老寺庙之一，被称为舟山的"妈祖庙"。相传乾隆年间，舟山有位羊姓船老大，在海上救人无数，死后被玉帝封为海神，称"羊府大帝"，掌管海上人员的生死。羊府宫规模不大，正面为大殿五楹，供奉"羊府大帝"和"娘娘"神位，左右厢房各两间，中建戏台一座，戏台前建有山门，上悬匾额，书"海不扬波"四字，门外竖旗杆一对。各地渔民对"羊府大帝"极为敬重，羊府宫长年香火不断。每年渔汛期间，东海渔民争相来东沙羊府宫烧香，祈盼海神保佑他们海上作业风平浪静，满载而归。遇风浪大作、渔船未归之日，更有渔民家属抱子携女来羊府宫进香，祈求海神降福消灾，保佑其亲人平安归来。

（四）中国海洋渔业博物馆

中国海洋渔业博物馆坐落在古镇东沙，一期工程主要利用东沙镇解放路上的四合院民居古宅，按照原貌修缮。二期工程投资200万元，新建展厅1000平方米，展品数量1600余件。其中很多展品来自当地收藏家、青岛军人和日本企业主的捐赠。二期工程已于2004年5月18日竣工。

馆藏文物包含自清道光年间至今的各种船具、船模、网具、生活用具、渔民服饰、助渔导航设备、渔民画等实物500余件，稀少的浸制鱼类标本7件，较大型剥制标本如海龟、海豚、海豹、海狗、真鲨等30件，国家一级保护动物——中华鲟剥制标本1件，还有海藻50件，日本常石造船株式会社社长神原真人赠送的海洋贝类标本763种、1699件。该馆以海洋捕捞为主题，较全面、系统地展示了舟山海洋渔业百余年来的发展史：运用海洋生物剥制标本、大型生物骨骼、鱼类浸制标本以及各种贝类、藻类编织五彩缤纷的海洋世界；运用船具、船模、渔网等实物，展示舟山海洋渔业史及近代渔业捕捞知识；陈列渔行的水票、账簿、秤等工具及渔商、渔民的生活用品等，揭示旧的生产关系，渔商、渔行主对渔民的深重剥削，以及渔民生活的贫困和艰难。中国海洋渔业博物馆是一个集科学研究、文物保存、科普教育与旅游为一体的综合性博物馆。

（五）东沙美食

海岛美食文化最具特色的总是与鱼连在一起。岱山鱼的种类数也数不清。有老渔民说，捕了一辈子鱼，叫不上名的还有很多。著名的有黄鱼、带鱼、鳓鱼、鲳鱼、墨鱼、石斑鱼、虎头鱼、马鲛鱼、鳗鱼及各种虾、海蜇，还有香螺、海瓜子、蛏子、蛤皮等贝类。东沙美食用新鲜食材烹制，可口宜人，比如一道简单的龙头鱼煮豆腐汤，可以说是岱山人的家常菜，其以鲜美、爽口而享誉沪杭甬各大饭店，并冠一美名——飞龙卧雪地。另有些鱼类加工成咸干品，别有风味，其制作工艺历代相传，沿袭几百年，非常讲究。比较知名的有大黄鱼鲞、三抱鳓鱼、三矾海蜇、醉鱼、糟鱼、风鳗、呛蟹等。有些腌制品、咸干品在上海、宁波、杭州等地都享有盛名，比如鳓鱼加工成的腌制品或醉糟品，在上海、宁波一带称舟山香鱼，老上海人十分喜欢用香鱼下酒饭；再如三矾海蜇头子、皮子，现在更是宴会桌上的佳肴。

除海鲜外，东沙誉满舟山的还有鼎和园香干、三洋泰薄脆、三里香大饼、胡氏阳春面等，鼎和园香干制品工艺精湛，味美而香，闻名遐迩。

第五章

Chinese Traditional Villages

中国传统村落文化抢救与研究

文化区系列

南海海域的滨海传统村落

南海作为世界第三大陆缘海，海域辽阔，拥有 300 多万平方千米的浩瀚海域，是中国最深、最大的海，相当于 16 个广东省那么大，约等于中国的渤海、黄海和东海总面积的 3 倍，其间更是点缀着数以千计的岛、礁、沙滩。它地处低纬度热带、亚热带地区，不仅拥有异常丰富的渔业资源、深海动植物资源，海底还蕴藏着丰富的石油、天然气资源。在南海入海的河流众多，这些河流腹地纵深广阔，连接中国南方大部分省区，不但带来大量泥沙沉积于河口和沿岸地区，形成大面积河口三角洲和滩涂，以供耕种和海水养殖，而且作为陆海相连的纽带和通道，也为海上贸易、中外文化交流发挥巨大的作用。南海贸易为封建王朝提供了大量财富，故中央政府对南海一直采取保护开放政策，即使明清闭关锁国之时，也或明或暗地开放广州口岸，维持海上财源不致中断，由此带来的经济、社会、文化效应，是南海海洋文化形成及其特异于其他海域海洋文化的一个优势背景和强大动因。

南海北至中国广东、广西、福建、香港和澳门，东北至台湾岛，东至菲律宾群岛，且包含吕宋海峡西半侧，西南至越南与马来半岛。本章对南海海域滨海传统村落的阐述主要围绕广东、广西、海南三地展开。从先秦新石器时代到秦平百越之前的大量贝丘遗址，到汉越文化交融，广东的每一段历史都与海洋息息相关。唐宋时期广州成为中国第一大港，是世界著名的东方港市。广西沿海居民从事渔猎和农业活动可追溯至新石器时代，自西汉以来，合浦郡一直为岭南政治、经济、文化中心之一，是当时中国通往东南亚、南亚、欧洲各国的"海上丝绸之路"的始发港之一，广西沿海地区成为中国古代最早对外开放的地区，广西沿海地区多民族大杂居的局面，更是为广西海洋文化添加了别样的色彩。有史记载以来，生活在海南岛的黎族、疍民、回族、汉族中的渔民和灶户等族群，以各自的方式，发挥自身的聪明才智，靠海而居，依海而生，创造出极具地方特色的海洋性景观。

第一节 物质文化景观

一、建筑景观

（一）疍民船屋及疍家棚

疍民是我国古代东南沿海地区的汉族中一个比较特殊的群体，是指广东、广西、福建、海南沿海一带的水上居民，他们以船为家，视水为陆，浮生江海。"疍民"的称呼来源于早前他们居住的外形酷似蛋壳的舟楫，也可称"蛋民"。

疍民在海上生活历史悠久，连船群居，以捕鱼、贩卖海盐、摆渡、运输为生。"以舟为家"是疍民区别于"山上人"（疍民对陆上居民的称呼）的显著标志。疍民的渔船俗称"疍家艇"，它的类型、造型和结构反映出疍民的生产生活与海洋环境、生产力水平相适应的程度。它既是生产工具，也是生活场所。疍户家庭往往以船为单位，老幼三代均住船舱中，其上覆盖着用竹篾夹棕叶编成的船篷，船篷十分轻便，分两三节，可以前后推移，白天捕鱼可叠放于后舱，晚上则展开，遮蔽全船，免于雨露风霜。疍民自小至大在江河海域上过着漂泊无定的游渔生活，很少踏足陆地。

除"疍家艇"外，疍民的传统住宅还有"船屋"和"疍家棚"。"船屋"是指将废旧渔船安置在沙滩上，用可以自由移动或掀起的拱弧形竹篷席覆盖船舱，有些船屋亦添加松树皮、沥青纸、塑料纸等遮蔽。船屋纵横有序地排列在沙滩上，构成独具特色的疍民风情。"疍家棚"俗称高脚屋，是一种干栏式建筑，有两种形式：一种是直接将"连家船"抬到岸边滩涂，以短木为基柱将船架于其上，俗称"居家船"；另一种是在滩涂上以短木夯基（高出地面约1米），在木桩上再建干栏式木屋，下部留空通风防潮，或用来如厕及喂养禽畜，上部则住人。此类建筑风格一直流行到二十世纪六七十年代。

（二）黎族船型屋

黎族船型屋是黎族最古老的民居，流行于海南的黎族聚居区，主要在白沙、保亭、乐东、东方、昌江、琼中等县市的部分地区。黎族源于古代百越的一支，是最早生活在海南岛的少数民族之一，他们在岛内繁衍生息延续至今，海南岛中部地区仍是其生活的主要地域。黎族同胞为纪念渡海而来的黎族祖先，建造船型住屋，并将这种造型像船篷、内部空间似船舱的住屋称为船型屋。

船型屋在其发展演变过程中出现了各种各样的式样，但在整体形态及空间组织上均体现出船的特性。通常来说，船型屋用红、白藤扎架，造型呈拱形，状似船篷，拱形的人字屋顶上盖以厚厚的芭草或葵叶，几乎一直延伸到地面，从远处看，犹如一艘倒扣的船。黎族船型屋造型简洁、朴素，没有任何装饰。映入眼帘的柔和曲线，完全是船篷屋顶结构本身所体现出来的自然美。船篷屋顶不仅可以遮风避雨，在船型屋的形态构成中也起着举足轻重的作用，形成了黎族船型屋强烈的可识别性特征。除此之外，其圆拱造型利于抵抗台风的侵袭，架空的结构有防湿、防瘴、防雨的作用，茅草屋面也有较好的防潮、隔热功能，而且就地取材，拆建也很方便。

从平面结构形态上看，将黎族船型屋与船的平面结构及形态构成方式进行比较，可发现它们之间的对应关系：船型屋长方形的平面与船的平面相吻合。船型屋平面构成中的晒台与船头相对应，均为人的室外活动空间。船型屋屋盖下的筒形内部空间没有分隔，如同船舱。人在船上是由船头和船尾进出，船型屋也只在前后山墙上设门，如同船舱一样不设置窗户。船型屋与船形体的相似及功能使用上的一致性并非偶然的巧合，它们有着内在的联系。船型屋是黎族先民以昔日的居所——船为原型创建的住屋形式，它象征着船及先民的船居生活，具有鲜明的海洋文化特色。

从形体构成上看，有高架船型屋、低架船型屋、落地船型屋、半船型屋之分。高架船型屋由柱子架空，离地一般在 1.6 米至 1.8 米，有的建在坡地上，和地形紧密结合，底层形成楔形空间，圈养牲畜；低架船型屋与高架船型屋类似，不同之处是楼面降低，一般在 0.7 米至 1.0 米之间，底层没有圈养牲畜的功能。两种船型屋都有明显的干栏式建筑特征，架空的居住层下部开敞，楼板的缝隙有利于空气流通，适应当地高温潮湿的气候条件。落地船型屋与前两者不同，其屋盖一直贴至地面，外部形象无架空层，但内部有的居住面仍架离地面 0.3 米左右，还保留着干栏式建筑的痕迹。半船型屋的屋盖不再落地，纵向已有了矮小的檐墙，檐口离地一般在 0.8 米左右。不同种类的船型屋的演变不仅受到自然环境和技术水平的影响，也受到外来干栏式建筑的影响，是黎族船型住房、干栏式建筑与汉族砖瓦房相互融合的产物。

总之，船型屋不仅利用当地的茅草、竹木、藤等材料，很好地解决了遮阳、避雨、挡风等问题，适应了海南岛热带季风气候，还通过再现船的特征建造黎族人心目中的昔日住所，体现了黎族人对船的依赖和心理认同，带有浓厚的海洋文化特色，形成了黎族独具特色的建筑文化。

图 5-1　黎族的船型屋

(三)火山岩古村落

上万年前的火山喷发,在海南琼北地区遗留了火山岩土质地貌,也促使当地的人们利用火山岩建造了成片的房屋,开发出大量火山岩材质的生产和生活用品,形成独具特色的火山岩文化,见证了人与自然相融合的历史变迁。琼北地区的传统村落就是在这样的区域环境下形成和发展起来的。这些村落经历了数百年甚至上千年的发展被保存至今,无论从规模、面积,还是从保存的完好程度来说,在世界范围内都是极少见的。

琼北火山口地区的村落选址与布局主要具有如下特点:(1)靠古驿道两侧分布,这种选址便于外来移民抵达,方便来往;(2)靠近水源,琼北火山口地区遍布石头,缺水成为生存的一大考验,能凿穿岩石找到饮用水源是村落形成的基础,所以传统村落多有古井,一个或几个村落拥有一口古井;(3)靠近火山或其他适宜耕作的区域分散而居,火山周围岩层风化后土壤较为肥沃,适宜耕作,而分散而居可提供更充裕的生产活动空间;(4)村庄靠山且四周拥有密林,不仅可防台风和避寒,同时起到安全隐蔽的作用。

火山口地区的建筑材料主要为火山石,这也成为当地传统民居最为显著的特色。当先民们移居火山口地区时,他们就地取材,建设家园,不单是房屋,还包括围墙、村道、舂米的石臼、石盘,甚至是水缸、石盆等,都可见火山石的元素。走入琼北火山口地区的传统村落,就仿佛走进了一个石头的世界,各种建筑、院墙、小路、器具等,多由深灰色的火山石制成。火山石自身形态千差万别,砌筑方式和打磨程度也有所不同,由此形成了材质统一但形式丰富多变的火山石建筑。

琼北火山口地区由于特殊的地理位置，为抵抗台风，民居建筑都较为矮小，院落布局主要由主屋、短屋（厨房、柴房、仓储）、牲口圈等构成，比较单一。依各户人口构成和实际经济情况的不同，形成了单合院、二合院、三合院等形式。火山口地区民居建造就地取材，屋顶采用灰色板瓦或筒瓦，墙体以火山石为主，根据社会地位的不同，分为加工整齐的火山石墙面和未经加工的火山石砌筑、砂浆填缝墙面。火山石墙面具有吸热并有效隔绝热辐射的功能，冬暖夏凉。硬山坡屋顶和原生态的火山石墙面与周围环境协调融合，呈现出浑厚粗犷的建筑风格。

二、产业景观

（一）盐田

南海为热带海洋，海水蒸发强烈，含盐量高，利于晒盐。南海三省份有很长的海岸线可供开发制盐，尤其是海南岛西南、粤西沿海、广西北部湾东部，这些区域河流少、气温高、蒸发量大于降水量、海水盐度高，是晒盐的理想场所，自古以来就是盐田分布区，至今仍保持这种格局。

制盐技术是盐业文化的主要内涵，南海三省份在这方面拥有久远的历史、先进的技术和卓越的成就，掌握了盐田晒盐法、晒卤煮盐法、漏水煮盐法、沙漏晒盐法等诸多制盐方法。最初，人们发现海水蒸发到一定浓度后，集中收集到石坑中暴晒一段时间，即可收获盐巴。后来，靠日晒盐不能满足需求，卤水煮盐技术便应运而生，即煮海成盐。唐代时，制卤技术已基本成熟；北宋时期，开始改煮卤成盐为晒卤成盐，生产规模得到了极大扩张；明清时期，海盐生产才完全由晒沙土淋滤制卤改为海水制卤，直接引海水入田沟漏槽，分层终日晒成卤，然后汇集到盐池暴晒成盐，从而大大提高了海盐产量，这种完全利用阳光蒸发海水的制盐工艺一直沿用至今。

　　海南产盐历史悠久，本岛沿海台地分布着 6 处盐场，各处盐场的制作工艺因台地的基岩海岸、砂质海岸构成不同而有所区别。位于儋州市西北部洋浦半岛盐田村的千年古盐田是海南制盐历史的见证。它紧靠大海，距今已有 1200 多年的历史，共有 750 余个形态各异的砚式石盐槽，错落有致地分布在一垄垄田地周围，遗址总面积约 0.5 平方千米。据考证，洋浦古盐田在唐朝时期已经存在，是我国最早的一个日晒制盐点，也是我国至今保留最完好的原始日晒制盐的古盐场。这里盐田的建设和日晒制盐作业方式较我国传统的废锅灶建盐田要早 600 年左右。直到今天，古盐田所在的盐田村里，30 余户盐工仍在这里沿用古老原始的日晒制盐工艺来制作海盐。盐田的制盐工序古老、原始、独特，盐巴是用经太阳晒干的海滩泥沙浇上海水过滤成卤水后，在玄武岩砚式石盐槽上晒成的，白如雪、细如棉，咸味适中纯正，具有纯天然、颗粒小、可直接食用等优点，是生活中盐系列的上乘原料。老盐能清热退火、消毒散瘀，可作为馈赠亲朋的礼品。

（二）滩涂围垦

　　在沿海，为了耕作，围垦滩涂成为取得耕地的方式之一。南海地区在这方面历史悠久，自宋代以来就有大规模围垦滩涂之举，明清时达到高峰。随着滩涂围垦、与海争地进程的加快，诞生了沙田、潮田、骆田等特殊的农业形式。

在珠江三角洲前缘，因围垦而得的土地，统称为沙田。开发沙田首先需要造一条围堤把一片滩涂圈起来，等珠江口潮水上涨时把围堤水闸放下，使水不能灌入滩涂。如果河道积沙，往往堤内比堤外河道还低，则需要打开围堤水闸，让带沙的河水流进滩涂，等潮水退后，再打开围堤临水一面排水。长此以往，积沙为陆，改造沙田，或深挖为塘，或堆积为基用以耕作。明清时期，珠江三角洲发达的商品性农业，包括桑基鱼塘等，就建立在沙田开垦的基础上。在地狭人稠的潮汕地区，与海争地是减轻人口对土地压力的重要途径，成为当地至为触目的海洋景观。

广西沿海有南流江、钦江等众多独流入海的河流，在注入大海的河海交汇处形成了众多大小不一的三角洲，这是骆田文化的发源地。骆田又称为沙田、潮田，分为水上和陆上两种。陆上骆田是在滨海地区地势平坦的滩地上随海潮涨落自然浇灌的水田。涨潮时，田中水深可达水稻株高的一半以上，甚至淹没稻株；退潮后，则地面干涸，留下一层薄薄的有机质为田地施肥。水上骆田是先用木桩搭成架子，然后将水草和泥土置于架子上面，种上庄稼，是一种浮在水面上的水田。木架浮于水面，随潮水涨退而上下，使庄稼不会淹没于水中。在河海交汇处，由于海水密度比河水大，形成河水在上、海水在下的上下水层，上层河水保证架田上庄稼的生长。这种种植方法不占耕地，旱涝保收。

第二节
非物质文化景观

一、风俗习惯

沿海居民"以海为田",从事海产采集、捕捞或围海农业,其生产生活方式皆因海而展开,婚姻等风俗习惯也异于陆上居民,文化风貌自成一体。南海海上族群,最有代表性的要数疍民和京族。

(一)疍民

疍民是一个非常有特色的团体,是我国水上居民的简称。他们长期生活在水上,有着独特的生活方式和民居风俗。罗香林等认为疍民源于百越,为古代百越后裔的一支。他们保留有古越人的文身,习水便舟,喜食水产,崇拜蛇,后来逐步融合成为汉族。林惠祥先生主张"多元说",认为古越族为古代东南方大族且以精于操舟著称,为疍族的源流,汉族为其补充,兼有外族中的"瑶、掸、马来"成分。所以,关于疍民的起源,至今尚无统一说法。

在中国,疍民所涉地域广泛,从浙江到广东、广西的东南沿海一带及海南岛周边均有分布。广东疍民主要分布在沿海的阳江、台山,珠江流域的顺德、番禺、南海、新会等地;广西疍民主要分布在梧州、柳州、南宁等地;海南沿海也有不少疍民,主要分布在海口、文昌、琼海、陵水、三亚等地。南海疍民主要从事海水捕捞、采珠贝,或从事沙田耕作，其活动范围以近海海洋、港湾、河口区以及河海滩涂等为主，集中体现了这个水上族群的海洋文化特质和风格。

1. 服饰

在服饰习惯方面，疍民妇女通常穿蓝、黑色衣裤，上衣作大襟式，镶以深色大边；头上包一条黑色头巾，称为"包头布"，也称为"手巾"，其式样很特别，前面边缘用一块硬物衬托，绣有狗牙式花纹。"包头布"几乎成为疍民妇女的一个特有标志。头发则梳成田螺状的发髻，髻尾朝天，这些都是她们为了与水上活动相适应而形成的特有习俗。

为了防止插秧割禾和出海打鱼时划伤手部，并为了保护衣袖，三角洲和沿海渔民都会使用草袖，即用一种生长在海滩上的咸水草晒干编织而成的套状护具，图案有三角形、斜纹形，以线条为主。

疍民妇女无论老幼都喜戴耳环。通常未婚女子戴长耳牌，用小链垂挂在耳圈上，婚后才换上一块玉坠。陆上只有老年妇女才把玉坠加在耳环上。

疍民男子上衣多不扣纽，敞开前胸，且不管在船上或陆上，上身打赤膊，下身穿短裤，俗称"牛头裤"，弄湿了很容易干，便于水上作业。

疍民男女均习惯终年跣足，不穿鞋成了疍户和陆上居民的显著区别之一，这种风俗甚至渗入他们的信仰文化之中。例如，不准穿鞋者登船，因为在他们看来，穿鞋上船会给船带来晦气。

2. 饮食

在饮食方面，与陆上居民的熟食不同，疍民还保留着较原始的生食水产品的习惯。在闽江流域疍民的食谱中至今尚存许多生食、半生食的习惯。如"蛤鲜""虾鲜""蟹鲜"等十余种生或半生的水族品食物。广东潮汕一带有一款美食叫作"鱼生",就是用快刀把鲜活的草鱼切成薄片,用盐巴和葱花等稍作调味后就直接下箸,这种习俗就来自疍家饮食文化。另有一种著名的广州美食"艇仔粥",亦为疍民所发明,起源于疍家妇女平时用打捞的新鲜鱼虾蚬蟹等,加上姜丝葱花等熬粥自食,若吃不完,便会将多余的出售给岸边或游船上的人们,后来陆上店家也相继模仿,并发展成为广州菜的代表之一。

3. 婚俗

疍民的婚俗可谓别有风味。明末清初学者屈大均在《广东新语》中写道:"其有男未聘,则置盆草于梢;女未受聘,则置盆花于梢,以致媒妁。婚时以蛮歌相迎,男歌胜则夺女过舟。"这种氏族社会的遗风,既有传统古典的一面,又有自由恋爱的味道,很是有趣。在娶亲的这一天,新娘穿上红衣绿裙,在娘家的船上用托盆盛载着猪头、鸡、鸡蛋、糯米饭、糖以及针线、胭脂水粉等。一切准备妥当之后,新娘便开始"叹"歌,即一首接一首地唱起世代相传的婚礼歌。新娘的唱词大都是从女性长辈亲属那里学来的,也有些是在对歌过程中有感而发的即兴之作。婚礼歌的主要内容一般是表达眷恋父母之情,感谢亲朋之意,以及憧憬新婚后的幸福生活,等等。迎亲、接亲和成亲的整个过程均在船上进行,婚宴之日,众多亲朋好友各自泛舟齐聚男家,把十几只小艇并泊在一起,船头相对,用红布在船上搭起遮篷,欢声笑语,非常热闹。此外,疍民水上民歌的内容也丰富多彩,嫁娶、喜丧、渔汛、过滩均可入曲,常见的有贺年歌、婚礼歌、行船歌、下水歌、咸水歌、丧葬歌、高堂歌，等等。这些民歌大都节奏明快，曲调激昂，富有很强的感染力。丰富多彩的民歌既记载了疍民的世代风俗，也丰富着他们单调的文化生活。

4. 信仰

疍民生活在风雨无常、变化莫测的江河大海，各种自然灾害时常侵袭，因此形成许多独特的鬼神信仰风俗，并且构成了一个多元崇拜体系。一是庙宇神崇拜，包括天妃、南海神、龙母神等，疍民通常有固定的庙宇，气势恢宏，香火旺盛；二是其他神灵崇拜，如大树、巨石、各种奇异现象等，都被赋予超自然力量而得到崇拜，比如水鬼、定风猴等。除此之外，疍艇虽小，但疍民却将船头或艇头作为最神圣的空间来进行祭拜。每逢春节，疍民用墨汁在红纸上书写"船头兴旺"之类的大字贴在船头，具酒肉拜天，迎接诸神莅临；春节过后，鱼汛到来，疍民开海，要举行隆重的祭拜仪式，以活雄鸡和熟猪肉为祭品，男船主跪在船头，叩头、拱手祝福，并将雄鸡血滴在船头及其两旁，然后燃放鞭炮，烧纸钱，向河海洒酒，再开船入海；居住在水棚里的疍民，担心水棚底下的淤泥里有妖怪作祟，每逢节庆日傍晚，还会在水棚底下燃香点烛，祭拜棚底淤泥；若船主家有人欠安，则请男巫或女巫前来做法，驱除鬼怪。

除以上信仰外，疍民还有一些传统的迷信与禁忌，如不准妇女跨过船头，怕妇女跨船头后对捕鱼不利；忌讳别人在自己面前说不吉利的话或做不吉利的事；一年之中的首次捕鱼，最忌讳别人的船只从自己的船头前横驶过去，他们叫作"拦头截腰"，为大不吉；晒网时，不喜欢别人从网底下钻过去；不喜欢客人揭舱板、看舱底；船上有人去世了，邻近湾泊的两艘船艇一定要簪花挂红；等等。

5. 疍歌（咸水歌）

疍民是个开朗、乐天的族群，悠悠珠江、滚滚南海到处可听见他们动听的疍歌。疍民生活在海边咸水之中，所唱之歌，被人们称为"咸水歌"。其形式独特，每句末尾都有助词"啰""哩"之类，声调柔长，内容和形式都很直率，少用比喻和双关。它们源自生活、贴近生活，可以被即兴创作，音调婉转、通俗易懂，反映了疍民的劳动生活和思想感情，表现了他们的生活态度、情趣、愿望以及审美观念，从而形成了独具风格、活泼鲜亮的艺术特色。

（二）京族

京族为越南的主体民族，曾被称为"越南人"或"安南人"，瑶族称他们为"交趾人"。京族的祖先大约在公元16世纪初陆续由越南涂山等地迁移来华，最先居住在巫头岛和江平镇附近的寨头村，后来逐渐向沥尾、山心、潭吉等地发展。在沥尾村的乡约中，有"先祖父洪顺三年从涂山漂流到此，立居乡邑"的记载。洪顺是越南16世纪封建王朝的年号，洪顺三年即公元1511年。此外，据京族人口较多的刘、阮二姓追述，他们的祖先原来居住在越南吉婆，后迁至越南涂山沿海，以打鱼为生。有一次，他们在北海湾追捕鱼群时来到了今广西壮族自治区东兴市的巫头岛，见那里荒无人烟，又有较好的渔场，便定居了下来，繁衍至今，已有16至17代人。若以25年一代人来计算，至少也有400年的历史。目前，中国境内的京族主要分布在广西壮族自治区防城港市，主要聚居在东兴市江平镇的沥尾、山心、巫头三座海岛上，三岛素有"京族三岛"之称。京族的风俗习惯有非常浓郁的海洋文化色彩。

1. 居住

过去，京族家家户户都寄身于荒滩乱林之中，住房都是粗陋不堪的草庐茅舍。墙壁以粗糙的木条和竹片编织，有的再糊上一层泥巴，或用竹篾夹茅草、稻草等做墙壁；屋顶盖以茅草、树枝叶或稻草，也有极少数人家盖瓦片；屋的四角有用木或大竹做的柱墩，在柱墩上横直交叉地架以木条和粗竹片，上面铺以粗制的竹席或草垫，形成"地板"。这种"草庐茅舍"，京族人称之为"栏栅屋"。它带有百越干栏式建筑的古文化积淀，因陋就简，"地板"上面住人，"地板"下是家禽栖息的地方。从20世纪50年代始，随着生产的不断发展，京族的居住条件发生了变化。这种变化的明显标志就是石条瓦房的普遍出现。石条瓦房是用淡褐色的长方形石条（每块石条约长0.75米，宽0.25米，高0.20米）砌成的住宅。石条瓦房用石条或竹片、木板等分隔为左、中、右三个单间。正中的一间为"正厅"，俗称"堂屋"，其正壁上安置着神龛，俗谓"公棚"。正厅除了节日用以祭神之外，平时又是接待客人及吃饭、饮茶、谈天的地方，是兼做"客厅"之用的。左、右两间是卧室和厨房。改革开放以后，京族村民住房条件已经大为改善，大部分居民都盖起了钢筋水泥结构的楼房，室内设施非常齐全。房屋的周围一般都种有果树、竹林等，既美化了环境，又可防风避沙。

2. 生产生活

京族人长期采取浅海捕捞和杂海渔业的原始谋生方式，主要以拉网、刺网、塞网、鱼箔、鱼笼等传统捕捞工具在近海作业，杂海渔业则以较为原始的竹筏、麻网、鱼钩、鱼叉等工具从事简单的渔业生产。拉大网是京族最有特色的渔业方式，也是京族的大型群体性渔业生产方式。大网高 3 米，长 400 多米，整张网身由 4 至 6 张网缀连而成，网眼较小较密。作业时需 30 至 40 人一起拉。京族在捕鱼中还有"寄赖"现象，带有浓厚的原始社会"见者有份"的色彩，无论是谁，看到深海捕鱼的渔船满载而归，都可以带上鱼篓到船上"寄赖"三五斤鲜鱼。

3. 服饰

京族妇女着窄袖紧身开襟无领的短上衣，长而宽的黑色或褐色裤子，外出时穿窄袖、白色、类似旗袍的长外衣。袒胸处遮一块绣有图案的菱形小布，称为"遮胸"或"胸掩"。"遮胸"的颜色因女性年纪不同而有所区别，年轻人用红色，中年人用浅红或米黄色，老年人用白色或蓝色。男子上衣长及膝盖，窄袒胸，裤子阔而长，腰间束一两条彩色腰带，有的束五六条之多，并以腰带的多少来显示自己的富裕或能干。

4. 婚俗

京族人自古自由恋爱，以对歌物色对象。对歌后，如果男方钟情于女方，就慢慢靠近，并用脚尖将沙撩向姑娘，如果女方心中有意，就会将沙踢回对方。通过对歌踢沙或相互对掷树叶，建立感情，再请"兰梅"（媒人）传递爱歌。双方互赠彩色木屐一只，如果正好是左右足配对，就被认为天生成双，可以缔结婚约（称"对屐"）。然后男方带着礼品，请歌手去女方家对歌认亲。举行婚礼时，女方家大门紧闭，在屋前大路和树林里设三道悬灯挂彩的榕门。要想通过三道门，必须对歌，直到女方满意才可通过。晚宴结束以后，新人去往男方家拜堂、对歌，通宵达旦。

5. 信仰和节日

京族传统民间宗教为道教、佛教、巫教相混杂，以道教为主，也有少数人信仰天主教。但京族的道教主要表现为海神崇拜。"哈"，京族语为唱歌之意，哈节是以唱歌贯穿始终的祭祀祖先和神灵的活动。传说越南陈朝时代，有一位歌仙来到京族地区，以传歌授舞为名，动员京族人民反抗陈朝的黑暗统治，受到京族人民的敬仰，后人为了纪念他，便修建了哈亭。哈亭是京族人家供奉村社保护神的场所，保护神主要有祖灵、社君、土地、观音、三婆、伏波将军、海公、海婆等，其中白龙镇海大王是地位最高的神，每逢哈节，人们都要到海边举行仪式，遥对大海那边的神庙把它迎接回哈亭中飨祭。

哈节是京族人心目中最为重大的节日庆典，也是京族人一年一度的以"敬圣神、庆丰收、求平安、传文化"为主要内容的盛大活动。节日活动历时3天，通宵达旦，歌舞不息，周围各族群众亦来共同欢庆。经过近500年的发展演进，京族哈节已经成为京族传统文化的集中体现。

6. 语言

京族有本民族的语言，但由于语言因素复杂，语言学家难以确定其语言属系。京、汉两族人民长期友好相处，绝大部分京族人都能使用汉语、汉文。京族历史上曾经使用过"字喃"。"字喃"意为南方的字，即喃字，系13世纪末京族人以汉字为基础创造的本民族文字。中华人民共和国成立前，"字喃"在歌本和宗教经书中仍保留使用。如今，已知仍会用京语唱哈歌的绝大多数是50岁以上的老人，而在京族三岛懂"字喃"的只剩下10多位老人。

7. 独弦琴

独弦琴是京族特有的民族乐器。乐器结构简单，所奏乐曲音调丰富、音色优美。独弦琴琴身用大半个竹筒或长方形的木匣做成，长约 1.2 米，一端插上一根圆木柱子与琴身垂直，另一端用把手系上一条弦线，与小圆柱子相连，即成独弦琴。独弦琴的音量较小，曲音清雅。奏时，用一根小竹片拨弦，弹奏出的声音余音袅袅。

8. 竹杠舞

京族竹杠舞也叫竹竿舞，是京族渔民庆祝丰收的舞蹈，也是海上渔业生产方式的转化。京族人在海上生产，风里来雨里去，行船颠簸，人们需要不时跳动才能在船、筏上站稳，竹杠舞由此诞生。竹杠由枕杠和击杠组成，多用楠竹制作。操杠者为 8 名男子，分为两边，每边 4 人，等距排列蹲在地上，一手一根击杠。男子按鼓点节拍，敲一下枕杠，合一下击杠，或敲两下枕杠，合一下击杠，地面发出"啪啪"的响声，青年女子便在击杠之间跳跃。在有节奏、有规律的碰击声里，跳舞者在击杠分合的瞬间，既要敏捷地进退跳跃，还要潇洒自然地做出各种优美的动作，如此反复不停，直到尽兴为止。

二、民间信仰

（一）南海神

南海神庙和南海神崇拜是南海海洋文化的一个重要标志，南海神在海洋本位神中居显赫地位，历代王朝对南海神的封号从未中断。

从隋朝建立"南海神祠"到唐玄宗封南海神为"广利王",再到宋仁宗封南海神为"洪圣广利王",以及之后各朝代对南海神的册封,都显示了历朝最高统治者对南海神的崇敬。

南海神庙坐落于广州市黄埔区庙头村,始建于隋开皇十四年(594),距今已有1400多年的历史,是中国历代皇帝祭海的场所,也是中国四大海神庙中唯一保存下来的规模最大、最完整的海神庙,在对外交通贸易中起着重要作用,是古代海上丝绸之路的发祥地之一,也是对外贸易交往的历史见证和重要史迹。古庙地处珠江出海口,中外海船出入广州按例都要到庙中祭拜南海神,祈求出入平安,一帆风顺。南海神庙由庙前码头、"海不扬波"牌坊、头门、仪门及东西复廊、中庭天阶、东西廊庑、拜亭、大殿、后宫及关帝庙组成。庙的西南侧有章丘冈,冈顶有浴日亭。自隋唐以来,历代皇帝都派官员到南海神庙举行祭典,留下了不少珍贵碑刻,故有"南方碑林"之称。民间以农历二月十三为南海神生日,每年于农历二月十一开始举办庙会,规模盛大,称"南海神诞",又称"波罗诞"。2011年,波罗诞被列入第三批国家级非物质文化遗产扩展项目名录。波罗诞期间,珠江三角洲一带村民和善男信女便结伴从四面八方到黄埔南海神庙,或祈福,或观光,或购物,参观游览人数有数十万。庙会主要的活动有祭海仪式、"五子朝王"活动、花朝节、章丘诗会、岭南民俗表演等。

(二)妈祖

在南海地区,能够与南海神具有同样神力的海神唯有妈祖。闽粤都濒临海洋,宋元时期,海上往来甚为频繁,福建人口也大量迁入潮汕、雷州半岛和海南岛等地，八闽文化在岭南沿海蔓延扩散，并逐渐融合为当地文化的一部分，妈祖文化随之传遍南海地区，并发展成为最具深刻影响力和最有群众基础的海神信仰。在南海地区有大大小小的妈祖庙500多座。

（三）五龙公

与福建等地的渔民祭拜妈祖不同，疍家人祭拜的是五龙公。所谓五龙，是指传说中负责降雨的五位神龙。这一信俗是在上古龙神信仰的基础上，受五行学说影响而逐渐形成的信仰。

今天在三亚的南边海还建有五龙公的龙王神州庙，疍家人出海之前必到龙王神州庙祭拜五龙公，以求出海平安。每年春节，疍家人有"讨斋"的习俗，正月十五要举行游神的祭祀活动。

每逢冬汛春期，三亚疍民渔艇船队在港湾上朝拜五龙公时摆出一字长蛇阵，渔艇船头朝向岸上的龙王神州庙，渔民们在渔艇上摇旗呐喊，鞭炮齐鸣，锣鼓喧天。一字长蛇阵也是一种渔猎用船之阵。长蛇阵是根据蛇的习性推演而来的，全阵分为阵头、阵尾、阵胆（中央戊己土）三部分。阵形变幻之时，真假虚实并用。渔艇船队阵法操练，教给各船上的渔民进退的规矩、聚散的法度，使他们熟悉各种信号（旗语）和口令，在渔艇船队渔猎作业时做到"令行禁止，协调一致"，只有这样，才能发挥整体合力，达到围捕鱼群的目的。

每年端午节赛龙舟时，疍家人的龙舟一定要分为红、黄、蓝、白、绿五色，称之为"五龙舟"，与"五龙公"相对应。

（四）冼夫人

冼夫人，原名冼英，古高凉（今广东茂名）人，是公元6世纪时的岭南百越族女首领，保持了岭南110余年的和平稳定，促进了民族融合和地方经济发展，是我国古代岭南地区最受赞誉也最具传奇色彩的人物。她敦崇礼教、以德化民，具有远见卓识，知人善任，骁勇善战，威震南疆。她毕生致力于维护国家统一、民族团结。她审时度势，促进了北方与岭南的大融合，成为忠君爱国的典范。历朝统治者对她进行了多次追封，尊称她为"岭南圣母"。中华人民共和国成立后，周恩来总理誉之为"中国巾帼英雄第一人"。

在岭南各地，冼夫人享有崇高的地位。历代为奉祀冼夫人而修建的庙宇遍及茂名、雷州半岛、海南岛乃至东南亚国家。高州冼夫人故里的平云山冼太庙，历史悠久，源远流长，据传此庙一经落成便神灵显现，钟鼓长鸣，香烟萦绕，信善常往。祭祀礼仪盛大非凡，数百里范围内，历代文武官员都到该庙祭拜冼夫人，祈求风调雨顺、五谷丰登、国泰民安。

广东沿海地区的渔民把冼夫人当作保护神来祭祀。湛江特呈岛7个自然村，村村都有冼太庙，各庙面海而设，有海事即祭祀以求平安。不祀妈祖而祭冼夫人，据说是因为早年特呈岛海盗横行，冼夫人协同高州刺史剿匪，保护了海岛及周围海域的太平，百姓十分感恩，故而建庙祭祀。

（五）雷神

南海沿岸由于海陆相互作用，极易产生雷电，比如雷州半岛即因雷多而得名,粤东沿海有多条与海岸平行的山脉,也容易产生雷电,因此形成了产生雷神崇拜的地理基础。古代南海人民出于对雷电的恐惧,以为是雷神在作祟,于是设雷神庙以祭之。南海地区最大的雷神庙在雷州城西南榜山上,称雷祖祠,为全国重点文物保护单位。

(六)雨神

海气作用在沿海地区甚为强烈,南海沿边有不少三角洲平原和沿海平原农耕区,农业丰歉与降雨关系极大。出于古越人对降雨的祷求,雨神崇拜也应时而生。南海地区的雨神崇拜见于潮汕、广州、雷州半岛等地,皆沿海岸线分布。

(七)北帝神

北帝神或真武帝神也属水神或海神。珠江三角洲、西江沿岸和沿海地区,有众多北帝庙,其中以佛山真武庙规模最为宏大,影响最广。每年的农历三月初三为佛山祖庙北帝神诞,在诞期不仅要建醮贺诞,而且还要举办各种祀神庆典活动。北帝诞的活动内容分为两部分:一是北帝诞庆典期间的仪式,包括设醮肃拜、北帝巡游、演戏酬神和烧大爆等;二是与北帝诞相关的祭祀活动,如正月初一至十五及每月的初一、十五的行祖庙,正月初六至三月三十的北帝坐祠堂,二月十五、八月十五的春秋谕祭,九月初九的北帝崇升"飞升金阙"等,祭祀仪式的规模十分宏大。

（八）伏波将军

伏波将军是自西汉武帝开始对统兵武官个人能力的一种封号，后渐变为官名。历朝历代中曾出现多位被授予伏波将军封号的人物。汉代进军岭南、平乱有功的西汉伏波将军路博德，东汉伏波将军马援等身后都受到岭南人民设庙奉祀，从粤北到海南，从桂北到北部湾，在他们行军的水陆交通线上都有伏波庙。

三、民间艺术

（一）临高渔歌

临高渔歌是海南省传统民歌的重要歌种，主要流传在海南省临高地区。汉代以来就有内地渔民迁入儋耳郡属地（今临高县），以捕鱼为生。宋代临高的渔业已相当发达。渔民习惯住在海边，成年的未婚男女有集中居住的习俗，聚居的地方称为"男子馆""女子馆"。天高月明之夜，他们集中到沙滩上斗歌，歌声此起彼落。渔民出海，渔歌也随之在海上飘荡。渔场、村场处处都是赛歌场。临高渔歌是临高渔民生活的写照，题材广泛，内容丰富，涉及历史人文、渔乡风光、捕鱼织网、爱情生活、祭祀海上保护神等，无所不歌。渔歌具有浓郁的"海味"，曲调似大海般辽阔，浪花般优美。

形成于临高县沿海渔村的渔歌《哩哩美》是渔家男女老少在生产生活中最喜为传唱的歌谣。无论是汉子们面对蓝天大海撒网捕鱼时，还是渔姑们在海边补织渔网时，都常常顺口哼上一段《哩哩美》。在新盈一带渔村的夜晚，常传出青年男女对唱和吟唱《哩哩美》的优美曲调，他们在闲暇时各坐一边，以现实生活中的场景、事物或感受等即兴作词互相对唱，编得快、对得妙者为胜。据有关专家学者考证，渔歌《哩哩美》的起源可追溯到南宋绍兴年间。民间传说，时内地人谢渥任临高县令，他体恤民众，关心教育和农事，更重视渔事。临高渔业连年丰收，渔村处处回荡着渔家姑娘们甜美动听的叫卖声。渔歌《哩哩美》就起源于新盈后水湾一带渔姑的叫卖声："卖鱼（雷），大家来买鱼（雷）……"后来，渔民在生活和生产劳动中逐渐以该旋律为基调，进行口头创作并不断伸展，久而久之便形成了优美动听的渔歌《哩哩美》。至今，已经传唱了近千年之久的《哩哩美》副歌仍有"浪响后'珠咪'、沙白前'九圩'"的唱句。"珠咪"即新盈港以北的天然拦浪堤，"九圩"即新盈港以南的安全白沙滩。渔歌《哩哩美》从产生到上千年的流传中，不断得到继承和发展，愈加焕发出灿烂夺目的光彩，目前已被国家教委审定编入初中音乐教材。

2011 年，临高渔歌被列入第三批国家级非物质文化遗产名录。

（二）汕尾渔歌

汕尾渔歌是广东汕尾沿海的传统民歌，主要在瓯船渔民中传唱，词、韵、旋律、衬字、主干音、落尾音都具有自己的特点。渔歌具有非常浓郁的海洋气息，著名歌曲《军港之夜》《在希望的田野上》开头的旋律都来自渔歌。汕尾渔歌有捕鱼歌、恋情歌、婚嫁歌、斗歌、生活情趣歌、后勤服务歌等，用以抒发瓯船渔民在漂泊无定的水居生活和艰险的生产劳动中的情感体验。陆上渔民在纺线、织网、造船、摇艇、补网等日常劳作中，也会伴随着劳动节奏情不自禁地哼起渔歌。

汕尾渔歌均用潮州方言演唱，演唱方式既有独唱，也有多人参与的齐唱，还有群体性的合唱。曲调独特丰富，极具代表性的有担伞调、东风调、丰收调、姑妹腔、大纭歌等。其调式除基本保留民歌的五音外，还有明显的有音无义的"拖音"和"复沓"，即拖腔处唱词的重复；旋律发展也有特殊的节奏型，主干音、落尾音等均有自己的特点。汕尾渔歌节奏缓和、乐音和谐、旋律优美细腻，是一个具有宝贵的文化艺术价值的音乐矿藏。

2014年，汕尾渔歌被列入第四批国家级非物质文化遗产代表性项目名录。

（三）崖州民歌

崖州民歌俗称"客歌""崖歌"，是海南省地方民歌的古老歌种之一，其发祥地主要在古崖州的乐罗、黄流（今属乐东黎族自治县的乐罗镇、黄流镇）一带乡村，自汉代开始不断生发、演化、丰富，至清代达至极盛，出现了大批的长篇歌册。崖州人演唱民歌时巧用客语，即琼南崖乐方言，属闽南语系，由福建移民在晚些时候带来，故崖州民歌也称"客歌"。

崖州民歌内容丰富，题材广泛，从人文历史、自然风光到生产劳动、社会生活，各个领域无不涉及。演唱时通常即兴编作，并以口传心授的方式传承，演唱场合不限，田间地头、屋前院后都可尽情放歌。崖州民歌曲词优美，其曲调主要包括拉大调、柔情调、嗟叹调、大朝调、摇篮调等，歌词多为七言，善用赋、比、兴等艺术手法。千百年来，崖州民歌的歌本曲目数量之多，犹如南海的螺贝、满天的繁星一样数不胜数，常见的曲目有《十送情郎歌》《梁生歌》《张生歌》《孟丽君》《驻春园》等。其中的20多部长篇抒情大歌（俗称"大朝歌"），如《贫家织女歌》《张生歌》《梁生歌》等，是崖州民歌中的瑰宝，在当地流传甚广。

2006年，崖州民歌被列入第一批国家级非物质文化遗产名录。

（四）鱼灯舞

沙头角鱼灯舞是一种以鱼灯为道具的广场男子群舞，流行于广东省深圳市沙头角街道及香港新界沙头角一带。它起源于清康熙年间，至今已有300多年的历史，为渔民逢年过节、拜神祭祖的必备节目。清初沙头角沙栏吓村吴氏族人的祖先从广东博罗迁至海滨新安县（今广东省深圳市）沙头角后，结合当地民间元宵节张灯作乐的习俗和早期从事海上捕捞的经验，创造出了独特的鱼灯舞。关于鱼灯舞的诞生也有一个传说，早年深圳沙头角海域出现过一种龙头鱼尾、称为"黄沥角"的神鱼，每当这种鱼出现，海面就会风平浪静，渔船满载而归，于是老百姓在此传说基础上创作了鱼灯舞。

沙头角鱼灯舞所用鱼灯制作精巧，栩栩如生。制作时先用竹篾扎成鱼状，然后在上面糊纸绘彩，再涂上桐油，再在鱼灯下面装上短棍。灯舞中的鱼各有不同寓意，如黄鲤鱼象征欺压渔民的海盗，众鱼象征不畏强暴、团结抗争以争取幸福生活的广大渔民，等等。沙头角鱼灯舞表演一般在晚上进行，舞蹈场地不用添加灯

滨海传统村落

图5-2　深圳沙头角鱼灯舞

光，舞者保持低马步，巧妙地将身体藏于鱼灯背后，举着鱼灯下的短棍俯身曲背穿梭起舞，同时以锣、鼓、钹、唢呐、螺号等从旁伴奏。整个表演主要突出鱼灯的形象，以集中体现各种鱼类的普遍习性和个性。沙头角鱼灯舞生动逼真，动作灵巧敏捷，具有较强的艺术性、趣味性和观赏性。

2008年，沙头角鱼灯舞被列入第二批国家级非物质文化遗产名录。

（五）临高人偶戏

临高人偶戏是全国唯海南独有、世界少见的稀有剧种，主要流行于海南岛西北部的临高县及其周边的海口市、澄迈县、儋州市等市县中操临高话的乡镇，距今已有 300 多年的历史。临高人偶戏是人偶同台演出的木偶戏，演出时不设布障，演员手擎木偶化装登台，人与偶合扮同一角色，交叉表演。唱腔以来自本地民歌调的"阿罗哈"和来自道士调的"朗叹"为主，优美动听，地方特色浓郁，伴奏以双唢呐为主。临高人偶戏原来的木偶只有拳头大小，造型也不大讲究，1979 年，经过改进，演员为一人一偶，按照剧情登台表演，时而以人为主，时而以偶为主，常获得观众的阵阵喝彩。这种表演方式自古至今，自成一派，成为我国木偶艺术园地中稀有的剧种。

2006 年，临高人偶戏被列入第一批国家级非物质文化遗产名录。

第三节 典型村落

一、三卿村

三卿村是琼北火山口地区最具代表性的火山岩村落之一。它始建于宋代，由为躲避战乱的大陆先民在此聚居逐步发展而来，至今已有 800 多年的建村历史。村名三卿，源于"三公九卿"，表达了村民的一种心理寄托和美好愿景。

　　三卿村位于石山马鞍岭西北约3000米处，与火山口地质公园相距较近，有国内较罕见的孪生双火口、喷发水汽的火山、寄生火山等，经过几百年的开垦，形成了独特的火山农耕文化。整个村庄覆盖着火山植被，全村建筑保留了九成以上的古石巷和古石屋，还有民国时期作为防御工事的安华楼，体现敬重文明古风的敬字塔，古时父老饮、射、读法之地的古拜亭等文物古迹，是琼北火山口地区传统村落的典型代表。三卿村里，目之所及的建筑和生产生活用具皆用火山石制成，这让三卿村显得古韵悠悠，恬静古朴。这里的每一块石头都是万年前火山爆发的见证者，历经岁月的积累，那些曾经寸草不生的火山石上也长满了青苔，顽强的小草从石缝中探出头来，带来勃勃的生机。

（一）火山民居

　　三卿村传统民居多为中华人民共和国成立前所建，部分建筑距今已有上百年历史，比较完好地保留了清末民初时期的村落风貌。三卿村保存完好的古石屋有100多栋，均采用干砌和榫卯结构工艺建造，不用水泥和钉子。所有的石墙全部用火山石干砌而成，地基不用找平，直接建在火山岩上，前墙的材料为雕刻精美的火山石，房顶全用木梁和泥瓦，中间用菠萝蜜树或荔枝树板做隔墙，房梁上雕刻火山图腾或传统吉祥图案。不论石雕或木雕，均具有很高的艺术和文化价值。

（二）公共建筑

1. 神庙

三卿村神庙较多，较有代表性的是三卿古拜亭。古拜亭始建于清代，原由神殿、拜亭和戏台三部分组成。祭祀时，拜亭上主要祭献牲畜，有时兼做演艺之地，献演乐舞。现存神殿整体风貌保存较好，其平面布局为一进三开间，屋顶采用硬山坡屋顶形式，上附灰色土陶瓦。神殿外墙采用干砌工艺，由火山石砌筑而成。神殿仅在外墙正面设正门。

2. 祠堂

三卿村内共有两座宗祠，分别为陈氏宗祠和博昌宗祠，全部为独院一进祠堂。宗祠是供奉祖先和举行祭祀活动的场所，也是传承家族文化、宗教礼法和传统的场所，至今仍会举办家族及各分支家族的祭祀活动。

3. 学堂

古学堂位于三卿村入口处，原为一正一横带院落的布局，现横屋已经完全倒塌，正屋为一进三开间，硬山坡屋顶形式，外墙采用干砌工艺，用火山石砌筑而成。

（三）历史遗迹

1. 安华楼

三卿村最显眼的莫过于矗立在村口的碉堡楼，楼体上爬满了岁月的痕迹。石楼的正面镶着一块石匾，匾上铭刻"安华楼"三个大字，旁刻"民国十九庚午岁秋立"和"王政端撰书"。当初村里为了防御盗贼流匪，动员村民捐工、捐料、捐款，自力更生开凿火山石，建起了这幢三层高的炮楼。

2. 豪贤门

安华楼的右侧是一道由火山石砌起的拱门，门匾上书"豪贤门"三个秀丽的楷体字。它建成于清光绪十一年（1885）农历十一月初一，与古村墙共同构成了防匪盗、防外侵的一道重要防御线，具有重要的防御作用。

3. 敬字塔

敬字塔为小型八角石塔，始建于清光绪三十年（1904）。古时人们书写使用过的纸张不可随意丢弃，必须于敬字塔中焚烧，因此，敬字塔是一种特殊的祭祀设施，但因年代久远，风雨侵蚀，且"文革"期间遭到破坏，塔身上的图文已模糊不清，基本无法辨认。

4. "文运光昌"碑

据村史记载，三卿村建村以来，村民十分重视文化教育，办私塾、建学校，培育后代。村中历代文人辈出：清乾隆年间王必位考中举人，清光绪年间王廷楷考中秀才，民国时期王积耀考上黄埔军校……清代，石山地区四大文豪到村里学堂长期讲学，而石山地区要考乡试的读书人也必须来三卿村报名。三卿村的浓厚文风，不仅仅见于村史，还见于那一件件由火山石制成的器物上。豪贤门旁有一个立于清光绪三十年（1904）的小塔，塔身石碑上书"立塔乐捐碑",碑文载有"文运光昌"四字,可知当时立塔的目的是"文运光昌",希望村里读书人能够出人头地,借以光大昌盛本村。

(四)火山石雕

火山石雕在琼北火山地区分布广泛,村民长期与火山石为伍。古时很多人家靠开采火山石和做石匠为生,因此出现过许多能工巧匠,三卿村的石雕技术和干砌工艺在火山地区尤其出名,一般火山地区大户人家盖房子都要到三卿村购买石材和雇用石匠。从原石开采到雕刻成火山石成品,石匠们运用简单的工具就可以从地下把坚硬的火山岩挖掘出来,再用他们的智慧把不规整和笨重的火山岩加工成漂亮精美的火山石条、石板、石砖等。

二、白查村

江边乡位于海南第二峰——尖峰岭东北麓,地处东方市最东端,西距东方市政府所在地八所镇 67 千米,东距乐东县城抱由镇 36 千米,省陆路干线——新江线贯穿全境,沿线至三亚"天涯海角"景区约 110 千米。全乡坐落在风光秀美的大广坝库区西岸,为全省重点森林保护区和水源涵养林区。区内青山连绵,热带森林郁郁葱葱,养育着全乡 1470 户、6405 口勤劳纯朴的黎苗百姓,孕育了浓厚的黎苗族风情和独特的文化。全乡行政区域面积约 2900 平方千米,2009 年农业生产总值达 3025 万元,年人均收入约 1100 元。

白查村是东方市江边乡下辖的一个自然村,四面环山,风光秀丽。人口380人，共86户人家。"白查"在美孚黎方言中叫"别岔"，黎语中"别"字意为有水的烂泥田，"岔"则是厚皮树，村名叫"别岔"，即为烂泥田附近的厚皮树，而白查村是黎语的音译。

白查村因81间保存完整的船型屋而闻名，与此同时，村民还保留着众多古老的黎族习俗。

2012年，白查村入选第一批中国传统村落名录。

（一）船型屋

黎族同胞为纪念渡海而来的黎族祖先，仿照船型建屋，茅草房犹如一艘艘倒扣的船，村民习惯称之为"船型屋"。白查村现存81间船型屋，是海南船型屋保存最完整的自然村落之一。船型屋是黎族最古老的民居，多用竹木搭建而成，属于原始的干栏式住宅，因"门开左右形如船"而得名。船型屋分上下两层，居者沿竹梯而上，上层住人，下层用于饲养家畜。一般分为三间，中间为厅，两边为居室；也有前后两间的，前面为厨房，后面为居室。

2008年6月，黎族船型屋营造技艺被列入第二批国家级非物质文化遗产名录，这也是海南省首个建筑类古遗址成功申报国家级非物质文化遗产。黎族传统住宅，体现了黎族独特的建筑风格，较为完整地保留了我国南方少数民族的原始住宅形式，使史料记载得以实物见证，具有重要的研究价值。

（二）山栏节

山栏节起源于刀耕火种时代，是黎族传统文化的象征。山栏节前，人们便集体围猎，捕获的兽肉用盐腌渍，待到山栏节那天共同享用。白查村把每年农历十二月第一个"鸡日"定为山栏节。山栏节这天，全村男女杀猪宰牛（这一天禁忌杀鸡），祭拜祖先后，人们走村串户，道喜祝福，载歌载舞。青年男女盛装打扮，携带山栏米酒、糯米糍粑，成群结队到会合点对歌、荡秋千，大家喜气洋洋，一派节日的景象。村民想到哪家喝酒就到哪家喝酒，不论是谁都会受到热情款待。山栏节通常要持续五个昼夜。

（三）山栏酒

山栏酒素有黎族"茅台"之美誉，黎族人称为"biang"。它是用黎族所居山区的山栏稻米和当地山中特有的植物，运用自然发酵的方法制成的。山栏稻是黎族人民在长期的生活实践中筛选出来的适宜干旱地带种植的稻种。山栏稻的耕种须经过砍伐树木、焚烧、下种、看护、除草、收割等一系列过程，属于刀耕火种的生产方式。山栏酒度数不高，味道甘甜芳醇，酒浆很稠，乳白色中微微泛黄，入口很有质感。山栏酒能刺激消化腺分泌，增进食欲，而且提神解乏、解渴消暑，还有促进血液循环、润肤之功效，其营养成分易于被人体吸收，是补气养血的佳品。

（四）黎锦

黎族织锦是一种已有3000多年历史的手工织造技术，被誉为"中国纺织史上的活化石"。2009年，联合国教科文组织正式批准海南省"黎族传统纺染织绣技艺（简称黎锦技艺）"进入联合国教科文组织首批急需保护的非物质文化遗产名录。白查村织黎锦仍保留着一种非常少见的"扎染"织法，分为纺、扎、染、织四道工序，与其他地方的织锦工艺有着明显区别，尤其是"扎"的工序技艺高、难度大。"扎染"织法色彩明暗对比更加强烈、质感更为丰富，厚重而典雅。白查村家家户户的女性从小便要学习这种"扎染"编织工艺。编织一条黎锦通常需要几个月甚至更长的时间，收购价从几百元到几千元不等。

（五）藤编

白查村的村民善于编织各种藤制生活用具，有藤篮、藤篓、刀篓、大筐、小筐等。很多藤制品做工精细、造型独特，不但具有实用价值，还不失为精美的工艺品。

这种藤编织工艺至今仍处于家庭手工艺状态，几乎每个家庭的老年男子都会从事编织，所用材料主要是红藤或白藤。每只藤篮（篓）的编织时间少则几天，多则半月。

（六）独木器具

独木器具是白查村村民的传统用具，其制作方法在黎族民间工艺中颇有特色，是将一块完整的木材经过剜、刻、削、刮制成的一类器具，常见的生活独木器具有独木凳、独木碗、独木勺、独木枕等。在现代文明的今天，独木器具已逐渐淡出黎家人的生活，但白查村有些村民却仍割舍不了对独木器具的偏好，将其继续保留使用。

三、大城所村

大城所村位于广东省潮州市饶平县，东临大埕，西靠黄冈、通潮州府城，南连柘林、遥望南澳岛，北接福建诏安，由于地理位置特殊，自古便被视为海防军事重地。大城所村古称"大城所""大埕所"，后简称"所城"，始建于明洪武二十七年（1394），历经600多年风雨，仍保持其传统风韵。大城所号称"粤东第一城"，是广东境内四个明朝建成的古城中保存较为完整的一座。作为明清时期潮州府的海防前哨，大城所是东南沿海抗倭的坚强堡垒，至今还保留着明代海防军事城堡的建筑形制。大城所村的建筑受中原文化、广府文化和闽客文化交流融合的影响，形成了独特的地方建筑营造风格，村内保存有城隍庙、五显庙、元天上帝庙、关圣帝庙等庙宇。

2016年，大城所村入选第四批中国传统村落名录。

（一）古驿站

与大多数中国古代防御工事相似，大城所村古城外墙高耸平整，高达二丈（约6.7米），内墙则坡度平缓，是易守难攻、一夫当关的坚固堡垒，城中的众多建筑都体现出原先海事军防的特点。在大城所村东南部，有一座奇特的建筑，这栋小屋为两层结构，屋脊高出周围其他房屋。这是村中保存较好的明代古驿站，它的存在显示出大城所村当年所处的重要军事地位。

（二）龙尾王庙

位于东城街头、正对东城门的龙尾王庙建于清代，占地面积100余平方米，供奉着何野云仙师。相传何野云是元末起义军陈友谅的军师，后来陈友谅兵败，何野云为避过朱元璋的军队追杀，化装成乞丐往潮汕一带逃亡。此庙的独特之处在于无论四周刮多大的风，在庙前香炉处也感觉不到半点风，焚香点烛丝毫不受影响。

（三）游旱龙

每年端午节前夕，大城所村的村民便会举行"游旱龙"民俗活动。从农历五月初一至初六，每天分别巡游粉、褐、青、紫、红、黄六种颜色的旱龙，象征着各自不同的寓意。这一民俗传承至今已有600多年的历史。游行期间，民众抬着用纸和竹片糊成的龙舟，伴着锣鼓声声，游走于村内各个角落，祈福人丁兴旺、五谷丰登。旱龙的制作工艺注入了潮州工艺、潮州音乐、潮州刺绣、潮州木雕等多种元素，游行的过程则表现出明清时海防前哨抗击倭寇的壮丽场面，具有独特的民俗文化特征和节庆纪念意义。

2015年，"游旱龙"民俗活动成功入选广东省非物质文化遗产名录。

说起"游旱龙"这一习俗，背后也有一段故事。历史上的大城所是一个边防重镇，城内的居民大多来自中原，也带来了中原的文明。大城所受地理位置限制，四周没有大江大河，但为了继承和弘扬传统文化，当地百姓创造了用竹片和纸做成各种各样的龙舟在陆地上巡游的节庆活动。

（四）食"鼎翻"

除了别具风情的"游旱龙"，每年端午节期间，大城所村的村民还有吃"鼎翻"的独特习俗。"鼎翻"又叫"麦熟"，是一种用平鼎煎制的薄饼。据考证，吃"鼎翻"这种风俗是在明末以后传入当地的。当年驻守在这里的官兵多来自北方，他们也带来了京城一带的饮食习俗。烙"鼎翻"的手法接近北方烙薄饼，做法近似京门手卷。制作"鼎翻"的第一道工序是购买包馅料的薄饼片。别看这张面皮很普通，如今当地懂得制作它的人却已寥寥无几。在制作"鼎翻"之前，除了薄饼皮，还要准备韭菜、豆芽、炒猪肉丝、蛋丝、虾米或鲜虾等馅料，同时还要熬制一种独特的酱料。在酱料的制作过程中，每家每户都会根据自己的口味来搭配，因此家家户户做出来的"鼎翻"都有不同的口味。食用前，大家先取"鼎翻皮"，摊平于盘子上，浇酱料，撒糖豆粉，夹菜放置其中，再包卷成团。人们在吃"鼎翻"的过程中感受着节日的祥和与快乐。

四、白龙村

白龙村位于广西壮族自治区北海市营盘镇，地处亚热带气候区，村外有美丽的海湾和红树林，村内的白龙城遗址是广西壮族自治区重点文物保护单位，其浓厚的疍家文化和南珠文化是北海市非物质文化遗产的重要组成部分，承载着北海的历史。

2016年，白龙村入选第四批中国传统村落名录。

传说古时曾有一条白龙盘旋于此，落地却不见踪影，人们认为白龙降临乃吉祥之兆，便在此地建城，称作白龙城。该城濒临大海，历代盛产珍珠，质优色丽，以"南珠"之称闻名于世。

"骑马客来惊路断，泛舟民去喜帆轻。虽然地远轻无益，幸得珠还古有名。"宋代陶弼的一首诗生动地概括了南珠与合浦2000多年的牵连。合浦名因珠起，地因珠著。合浦珍珠又称南珠、廉珠和白龙珍珠，素有"掌握之内，价盈兼金"之说。它以细腻器重、玉润浑圆、粒大凝重、瑰丽多彩、光泽经久不变等优点驰名市场。合浦珍珠的历史至今已逾2000年，著名的民间神话故事《合浦珠还》就发生于此，2000多年来，一直在千家万户代代流传。"龙女献珠""太监逼珠""割股藏珠""梅岭飞珠""珠还合浦"等传奇，已经成为中国珍珠文化中家喻户晓的经典故事。

（一）白龙珍珠城遗址

白龙珍珠城始建于明洪武元年（1368），清康熙十二年（1673）重修。城为正方形，南北长320米，东南宽233米，周长1107米，墙高6米，城基宽6米，条石为脚，火砖为墙，中心每10厘米一层黄土夹一层珍珠贝壳，层层夯实，珍珠城因此得名。珍珠城面积7万多平方米，分东、南、西三个城门，门上有楼，可瞭望监视全城和海面。城内设采珠公馆、珠场司、盐场司和宁海寺等。建成后，驻扎军队，既防倭寇和海盗侵扰，又保采珠太监安全，明代采珠官均驻扎于此。民国版的《合浦县志》中有一段记述："白龙城在县南八十里，周三百三十丈有奇，高一丈八尺，东西南三门并城楼。明洪武初创建，内有采珠太监公馆，珠场巡检及盐场大使衙门。旧有水师汛地。自永安抵龙门沿海五六百里，中间呼应鲜灵应。修复白龙旧城移

图 5-3　白龙珍珠城遗址

驻水师都守,为水陆中枢,俾声援联络兼可策应郡城,存其说,以备采择。"从以上的记载中,可以清楚地了解到白龙城最初的历史建制及其功用,主要是为了军事防御,而军事防御的主要对象就是倭寇,后来增设了采珠太监公馆、盐署办公衙门等,为抗倭而设的防御千户所逐渐被"白龙珍珠城"的称呼所替代。

古珍珠城在抗日战争前还保存完好,抗战期间,大部分城墙及城门被拆毁。中华人民共和国成立后只剩下一道城墙和一座南城门,1958 年也遭毁尽,南门城垣有一段 2.6 米高的墙心。城墙周围残贝散落，遍地皆是，可见当年采珠之盛。

古城内的三行老街是古城布局的重要见证，老街具有典型明清风格的卷棚顶结构屋顶。商号依稀可见的民国骑楼、深嵌在民房夯墙里的层层珠贝、青砖铺成的街道路面，都在默默诉说着白龙珍珠城的独特历史。

（二）古碑刻

1.《宁海寺记》碑

宁海寺建于白龙城内，寺废后，被遗弃在白龙小学内。碑高156厘米，宽82厘米，厚14厘米。碑体由传说中龙之第六子赑屃背驮。赑屃头部在出土时已损坏，现存头部为后补。考察碑文中"钦差内臣""宣德戊申年奉命来守珠池"等记述可知，明宣德三年（1428）朝廷派采珠钦差杨得荣到白龙城监守珠池。杨得荣奉皇命来白龙城监守珠池后，即动工兴建宁海寺，并于第二年十二月十五日竣工。宁海寺建成后，成为渔家珠民祭祀海神和珠神的场所。明末清初的"岭南三大家"之一屈大均在《广东新语》中记："凡采生珠，以二月之望为始，珠户人招集蠃夫，割五大牲以祷，稍不虔洁，则大风翻搅海水，或有大鱼在蚌蛤左右，珠不可得。又复望祭于白龙池，以斯池接近交趾，其水深不可得珠，冀珠神移其大珠至于边海也。"由此可知，白龙城宁海寺是古代渔家珠民举行祭海仪式遗址的重要见证。

2. 黄爷去思碑

黄爷去思碑原立于白龙城南门外，是为了记述明万历年间涠洲游击将军黄钟的事迹而立的。碑高178厘米，宽95厘米，厚17厘米。黄钟在任期间，曾率水师清剿涠洲、永安、白龙一带的海盗匪患，战功显著，如碑文称，"公既至，盗贼闻公威望，戢弓弃戈者十之六七"，民众"推牛犒士，士感恩欢呼，愿效死以报"。明万历二十七年（1599）前后，倭寇屡犯广东沿海，进逼侵掠雷廉两府，气焰嚣张。黄钟亲率战舰出海作战，击退敌舰，挫败了倭寇的进犯图谋，保得地方安宁。万历二十九年（1601），黄钟调职离任，吏属士民为之立此黄爷去思碑，以表功德。黄爷去思碑及其所记载的事迹是古时海防抗倭、抗击外侮的重要存证，为后世研究白龙城的人文史迹提供了重要线索。

3. 李爷去思碑

李爷去思碑原立于白龙城南门外。碑高181厘米，宽88厘米，厚14厘米。碑文中的"李公"，查《廉州府志》《明史》等史志典籍得知，是明万历二十七年（1599）奉旨到广东采珠的内监李敬。是时，李敬以珠池内监职兼带管广东矿税，在任八年。碑文中的"闻开采之际，珠官一至，百姓远徙，近海百里绝无烟火"一段，是指李敬的前任，监管开采珠池职兼征市舶司税课的太监李凤。李凤在任期间，对珠民狂征暴敛，残害一方，荼毒为祸，民愤极大，故而引发民变。而李敬在任期间虽然恶行不减，但鉴于前有李凤之祸，致珠池群盗蜂拥，曾上书皇帝请求罢采。又如黄爷去思碑文中所述的"李公奉命采珠，与公竭力协力，谋而谋同"，也算是为白龙城一带的剿匪抗倭出了力。这就是李敬得以被立碑纪事的原因。李爷去思碑记载了采珠太监为祸珠池的历史。

4.《天妃庙记》碑

《天妃庙记》碑为明宣德三年（1428）监守雷廉珠池的采珠钦差杨得荣所建。《天妃庙记》碑高146厘米，宽74厘米，厚14厘米。明宣德四年（1429）十二月天妃庙建成后，立碑以记。从碑记铭文记述中得以考证，天妃庙与宁海寺同时兴建，同日竣工。由此可见当时白龙城祭祀文化之盛况，也为考察天妃文化进入北海海上丝绸之路始发港传播的历史状况提供了准确的时间、地点及人文特色，具有重要的见证意义。《天妃庙记》碑的存在，证实了白龙城天妃庙是广西北部湾地区最早的天妃祭祀宫庙之一。

（三）出土铜鼓

从2015年12月开始，北海市文物局对位于铁山港区营盘镇白龙村的白龙珍珠城遗址及其周边5千米地域范围内进行了为期20多天的田野考古勘查。考古人员在勘查中发现了8处古代文化遗存。其中，汉唐时期的文化遗物点4处、宋至清代的遗物点3处、明代古墓群1处。考古人员认为，在白龙城周边地域找到的汉朝器皿，充分说明当时白龙沿海一带已有人群活动。这一重大发现，有可能将白龙珍珠城的历史考古线索推至汉代，这对北海市的"海上丝绸之路"申遗具有重要意义。

其中，白龙珍珠城铜鼓的多次发现具有重大意义，据民国版的《合浦县志》记述："光绪四年、五年间，白龙城南门外二里许有土阜，俗称小墩岭。渔人从墩脚海沙内挖出铜鼓五，形状花纹如前述（鼓平面直径二尺零六分，颈圆周六尺，腰圆周五尺五寸，底圆周六尺二寸八分。腰左右共四耳，系以铁链。身高一尺二寸，鼓面花纹十五层，为锐干角者。二层为古钱形者，六层为四瓣花形者，一层为蝉形者，二层为方画饰形者，三层鼓身花纹相类皆精工细密。沿边蹲蛤蟆六，其三为单，其四为双。蛤蟆大小负重量二百斤有奇）。最大者送入白龙三清庙，一鸎入城南李氏安园，一鸎入玑屯王宅，一鸎入城南李氏平园，一鸎入乾体藏天后宫。"这是目前关于白龙珍珠城出土汉代文物的最早记录。在民国版的《合浦县志》中，对这五面铜鼓出土后的去处都有准确的记录。遗憾的是，到后来都不知所踪了。除此之外，民国年间白龙珍珠城又挖出了三面铜鼓。由于古人视鼓为权力和财富的象征，由此可见，白龙珍珠城曾有一段兴旺发达的历史。

第六章

滨海传统村落的保护与活化利用

中国传统村落文化抢救与研究

文化区系列

Chinese Traditional Villages

村落

第一节
滨海传统村落面临的威胁

遍布中国的传统村落承载着中华民族的历史记忆、生产生活智慧、文化艺术结晶和民族地域特色,维系着中华文明的根,寄托着中华各族儿女的乡愁。然而,由于对传统村落的价值意识不够,保护体系不完善,同时随着工业化、城镇化和农业现代化的快速发展,大量传统村落在逐渐消失或遭到破坏,因此,传统村落的保护工作迫在眉睫。

第一,传统村落凋敝,遗产保护乏力。

2000年,我国自然村总数为363万个,到了2010年,总数锐减到271万个,10年内减少了92万个。新农村的建设步伐更加快了传统村落的消亡速度,村落消亡之势迅猛而不可阻挡。对滨海及海岛村落的迁建政策,诸如20世纪80年代中期浙江省实施的"小岛迁、大岛建"政策,以及全国各地撤村并村的举措,更是加快了小渔村的萎缩。

除了数量持续大幅减少外,尚存村落的现状也不容乐观,一方面,由于缺乏足够的重视和资金扶持,传统村落里有重要历史价值的物质遗产得不到及时有效的保护;另一方面,由于城市化、全球化的冲击,乡村非物质文化的传承岌岌可危,遗产保护及利用面临极大挑战。滨海传统村落占我国传统村落的比例甚少,在如此形势之下面临的压力更大。

第二,人口流失,村落空心化严重。

随着城镇化的发展，传统村落里的农村劳动力，也和其他乡村一样，越来越多地涌向城市和人口集聚、条件更好的地区，造成农村"空心化"。沿海地区城镇化速度快于内地，滨海村落成为重要的人口迁出地，沿海居民向内陆搬迁成了无法阻止的趋势，这一趋势在滨海传统村落比较集中的浙江、福建等地更加显著，1979年至2013年，浙江省乡村人口比重从85.49%锐减到36%。无人力、物力维护，"空壳村"中的文化遗产常常遭到破坏和自然老化。

随着城市扩张和工业发展的突飞猛进，城市的新式生活方式吸引着当代年轻人前来"寻宝"。虽然外来人员的涌入为城市带来了新鲜的血液，但是村落青壮劳力流失，剩下的多是空巢老人和留守儿童。城镇化和人口流失带来的不良影响，不仅仅是村落外观上的"空心化"，也是村落内在文化内涵上的"空心化"。没有文化作为支柱的村落，很快就会失去特色，变得平平无奇。

第三，滨海传统村落文化遗产保护不力。

滨海传统村落文化的本质是海洋文化，而海洋文化遗产种类繁多，涉及的部门也关系复杂，因此存在着政府部门责权不明，政府对海洋文化遗产的管理尚不到位的情况。区域间、部门间尚未充分形成传统村落文化遗产保护的合力，国家主导、地方支持、各相关部门协调配合的传统村落文化遗产保护管理体系还需进一步完善。

在一些沿海地区，文化遗产甚至屡屡发生失窃。有些失窃的文化遗产，虽然在政府的手册和法律保护上并没有"名分"，但对传统村落而言，一石一井，一砖一瓦，都承载着村落的灵魂，仅仅对符合标准的单体文物进行保护是远远不够的。

第四，建设性破坏。

2005年党的十六届五中全会通过《中共中央关于制定国民经济

和社会发展第十一个五年规划的建议》，明确指出"建设社会主义新农村是我国现代化进程中的重大历史任务"。我国农村建设实践按照"生产发展、生活宽裕、乡风文明、村容整洁、管理民主"的目标大力推进，并取得了巨大成就。但在新农村建设的推进过程中，也存在一些不恰当的做法：有些地方把新农村的涵义曲解成大拆大建，盲目地进行工程建设，麻木"拆古"，再疯狂"造古"，导致村落肌理遭到严重破坏。有的经济发展条件较好的传统村落，大量现代化的建筑和设施已大面积取代了传统建筑，破坏了传统村落整体景观的完整性，使得村落陷入不洋不土、不伦不类的尴尬境地，为后续的保护和利用增加了更多难度。有的村落以旅游开发为由，搬迁村民，商业化运作，不仅损害了世世代代居住在此的老百姓的利益，而且直接造成了传统村落文化的空心化。由村民传承下来的非物质文化随着村民搬迁荡然无存，传统村落成为一个空壳，在商业化的大潮中已无法找回其竞争力和吸引力。

第五，遗产活化利用不足。

传统村落的保护常利用集散为整的方式，将散落在村落中有价值的单体或构件单独地保护起来，作为村落的重要"地标"。但是圈起来保护之后却常常忽视了遗产的活化利用，变成另一种浪费。例如，浙江温岭东山村51、52号民居是村中规模最大的石屋，位于天黄王庙一侧的东山村中路，为传统四合院形制的双天井民居，建于清末民初年间，2008年作为箬山历史文化街区保护建筑被立牌保护。该民居具有典型的石塘石屋古建筑风格，对研究当地古建筑的形制、布局、习俗以及施工技术提供了很好的范本，具有一定的文化、艺术和历史价值，但挂牌保护导致的大门紧锁，对于该建筑而言，无益于其内涵文化和历史积淀的传承，从而造成利用不足。类似的僵化保护、缺乏活化利用的现象在全国范围内比比皆是。

第二节
滨海传统村落的保护与活化利用模式

《人民日报》曾在《文化遗产的"活化"保护》中指出，活化类型可以分为创意性保护、承袭性保护、修复性保护、残缺性保护、还原性保护和假借性保护。笔者参考了上述分类，并按照保护和活化两种类型，将上述六种模式进行了内容上的拓展，对滨海传统村落保护与活化利用方面的经验进行了归纳整理。

一、滨海传统村落文化遗产的保护模式

（一）非物质文化遗产的承袭性保护

承袭性保护是从传统村落里非物质文化遗产目前的存在形式出发，尽量原态传承，保护其外在形式和内涵。承袭性保护主要集中于滨海传统村落的非物质文化遗产的保护上。

在进行滨海传统村落的非物质文化遗产保护时，承袭性保护的保护原则为注重整体，保护优先。因为滨海传统村落非物质文化遗产的变异性，给其在保护过程中的规范化带来了诸多不便，

因此，在进行滨海传统村落非物质文化遗产的承袭性保护时，应开展全面普查、深入调查登记、规范建档立案、制作影像书籍等多种形式的保存方案。积极发动社会力量、原住居民、专家学者等各方力量，共同参与滨海传统村落非物质文化遗产的保护。发动政府、村民、群众的联动优势，以"一村一档"的形式，及时记录完善滨海传统村落当地非物质文化遗产档案，完整保存记录文本并及时转成数字档案。

浙江省岱山县东沙村在保护本村非物质文化遗产的工作中，成立了古村文化研究会，积极开展非遗文化保护，共挖掘整理出451条线索，并确定了105个调查项目，编写成充分展示地方历史文化特色的《非物质文化遗产普查成果汇编》系列，现已出书4辑，印刷1.6万册。为有效保护和传承古村非物质文化遗产，该村还开展了非物质文化遗产申报工作，同时鼓励和支持非物质文化遗产项目代表性传承人开展传习活动。目前，海盐晒制技艺、渔网编织工艺等被列入浙江省非物质文化遗产名录，鱼类传统加工技艺、跳蚤舞、锡器制作工艺等也分别被列入舟山市和岱山县非物质文化遗产名录，使非遗文化得到较好的保护和发展。

（二）物质文化遗产的修复性保护

修复性保护是传统村落文化遗产保护过程中最常见的方法。该方法体现在传统村落物质文化遗产上为原貌修复，通过多种方式维护传统村落的物质文化遗产原貌，让这些宝贵的物质文化遗产经历时间的磨砺，依然以最原真的模样呈现给前来参观的人们。

滨海传统村落物质文化遗产的修复性保护讲求的不仅是外观上

的"修旧如旧",而且对其内涵、功能也应该追本溯源。采用与该物质文化遗产初始制作时尽可能一样的制作工艺和建筑材料,具体的保护方式是在结合新型技术的同时,兼顾保存时的温度、湿度和保存手法,如此才能在修复性保护的"修旧如旧"上不仅做到"形似",还可以做到"神似"。

作为海上丝绸之路的见证,福建土坑村于2014年入选第六批中国历史文化名村、第三批中国传统村落名录。沧海桑田,随着时间的流逝,泉州市泉港区土坑村港市已经褪去了往日的商业繁华,港市遗址内的历史建筑依然保存良好,但由于自然老化、风化及受台风、暴雨等自然因素的破坏,许多古厝结构性腐朽、功能性退化等现象突出。2017年,泉港区启动土坑海商聚落整治修缮项目,对古厝群进行保护修缮,主要解决历史建筑老旧破损、部分建筑景观不协调、基础设施落后等问题。修复过程中,古厝右边的墙倒了一半,要再修复。项目保护修缮组要亲自挑选修复所用的砖头,以达到砖头上的纹路和色泽都要尽可能与另一半墙上的砖相似,做到"远看是一体,近看有微差"。项目保护修缮组遵照"修旧如旧"的原则,对土坑村的保护做整体规划,计划发展文化旅游产业使古厝再现风采,让人们在这里细细品味古厝的魅力,追溯那一段段传奇的海上丝绸之路故事。这种修复性保护,使得土坑村最大程度地保持原有形态,对村落保护来说意义重大。

（三）物质文化遗产的残缺性保护

残缺性保护是按照滨海传统村落内各项物质文化遗产的不同现状予以分级,对虽有残缺破坏但并非濒危的物质文化遗产进行残缺性保护。这种看似没有保护的"小修小补",其实是对某些滨海传统村落物质文化遗产在岁月消逝和时间选择中的最好保护。因为,对于分级过程中处于残缺性保护阶段的物质文化遗产,过度实施修复反而会离散物质文化遗产神韵,并造成不必要的浪费,占用了本该进行濒危物质文化遗产和非物质文化遗产保护的宝贵资金。

残缺性保护的重点在于对滨海传统村落内物质文化遗产进行分级,有根据、有目的地形成滨海传统村落物质文化遗产的保护体系。

在对物质文化遗产分级时,分级标准可以参考香港《古物及古迹条例》。香港《古物及古迹条例》于1976年实施,其将历史建筑分为三级:重点保护、选择性保护和其他形式保护。如此将古物古迹进行分级,便于对亟须修复、维持原状、残缺保护进行区分,便于节约人力、物力,将有限的资金发挥最大化功用。

(四)文化遗产的假借性保护

假借性保护是借助科学技术原貌复制,在原文化遗产应接受保护或者需要分流人群时,带领观光者去复制品处体会其风韵。

具体操作时,假借性保护可以运用在一些珍贵的文化遗产的保护上,在文化遗产不能满足参观者的需求时,进行复刻性展出。

二、滨海传统村落文化遗产的活化模式

（一）文化遗产的还原性活化

还原性活化是借助多种技术手段让滨海传统村落的文化遗产"开口说话"，让过往的场景精彩再现。比如可以利用 3D 技术等多种高科技来还原文化遗产。比如，2017 年 1 月 25 日，中共中央办公厅、国务院办公厅印发了《关于实施中华优秀传统文化传承发展工程的意见》，要求加强历史文化名城名镇名村、历史文化街区、名人故居保护和城市特色风貌管理，实施中国传统村落保护工程。为了更好地展示中国优秀传统村落文化遗产，传播文化，吸引观光者，极大发挥网络优势，传统村落数字博物馆已初见雏形。还原性活化的基础是在遗产本身，但重点是高于遗产的文化。做好滨海传统村落的还原性活化，对当地文化遗产大有裨益，对促进本地经济腾飞也是莫大的契机。

白露坑村半月里自然村位于福建省霞浦县溪南镇东北部，全村共有 83 户 326 口人，多为畲族人口。全村共有 28 座保存较完好的清代古建筑，其中龙溪宫、举人府、雷氏宗祠等为省级文物保护单位。除了"二月二""三月三""九月九"等传统节日、传统歌会活动外，当地村民还创造并延续了农历八月十六的祭月民俗，至今已有 300 多年的历史。虽有美丽的自然风光和丰富的畲族文化，但因地处深山，半月里曾长期处于贫穷落后的状态。

2012 年，在溪南镇下派干部的支持下，半月里召开户代表会议，经过几番讨论达成共识。在保护生态的基础上，挖掘、整合畲族文化资源，以文促旅，带动村集体经济发展和村民增收，通过保

护和传承畲族文化，打响文化旅游品牌，带领村民挖掘蕴藏在畲族文化中的"金矿"。

村民雷其松是闽东畲族婚俗传承人，他走遍省内外畲族人口聚居地，收集畲族文物1600多件。2014年，他创办的畲族民俗博物馆成为半月里的一张新名片。

2014年10月，半月里民俗文化发展有限公司成立，80多户村民集体入股，包括14户建档立卡贫困户。2016年，在民俗文化发展有限公司的有力带动下，半月里文化旅游产业发展显现成效。公司共举办畲族文化表演等文化旅游活动30多场，吸引各地游客8万多人次；对接省、市、县旅游部门开发乡村一日游项目，通过线上App等平台，定期、不定期地组织游客到半月里一日游，或开展观光摄影主题活动；通过主流媒体、微信公众号、网站论坛等平台以及参展海峡旅游博览会、中国（厦门）国际休闲旅游博览会等方式，推介半月里特色旅游线路和畲家特色产品。这一年，公司经营利润达30多万元，每个贫困户获得分红3500元。

2012年以来，半月里先后入选"国家级第一批民族特色村寨建设点""第一批中国传统村落名录""中国历史文化名村"等；2014年，畲族婚俗被列入第四批国家级非物质文化遗产扩展项目名录。2017年，半月里村民人均收入突破1万元。保护和传承畲族文化，让半月里的文化旅游产业不断壮大，产业的壮大促进了村民集体经济发展和村民增收，半月里村在珍贵的畲族文化活化上取得了巨大成功。

（二）文化遗产的创意性活化

创意性活化旨在通过创意元素的融入，对滨海传统村落中有些已经僵化落伍的文化遗产进行创意性改造，使其融入当下村民的生活，让人们从中感悟历史、保护历史。创意性活化需要根据滨海传统村落不同的文化遗产进行有选择的活化，使之与现代生活方式相融合。

进行滨海传统村落文化遗产的创意性活化时，需要考虑该滨海传统村落本土的格局和肌理，完善当地的设施和功能，以达到彰显当地特色和风貌的目的。

创意性活化可以采取打造文化IP（知识产权）的方式。以第一批入选中国传统村落名录的浙江省舟山市岱山县东沙镇为例，当地的"徐福东渡传说"于2007年被列入第二批省级非物质文化遗产名录。岱山的"徐福东渡传说"在《史记》《岱山镇志》《康熙定海县志》《定海厅志》《岱山县志》等志书和民间传说中均有相关记载。在如何活化方面，岱山县下了不少功夫。为开拓徐福文化的研究与传承，多年来岱山县采取了多项措施。1993年成立了岱山徐福研究会，十余年来，研究会成员在县、市、省乃至全国的相关报刊、图书上发表了20多篇文章，出版了《徐福与蓬莱仙岛》《达蓬山与蓬莱仙岛》等专著；1999年拍摄了20集电视连续剧《徐福东渡传奇》，在国内外特别是日本受到好评；2004年7月，岱山县举行首届中国（岱山）徐福东渡节暨徐福文化国际研讨会，26名来自日本、韩国的徐福文化研究专家和50余名国内学者应邀参加，岱山县以徐福文化为媒介，促进了与日本、韩国等国家和地区的文化交流。除上述举措外，岱山县还通过多种媒体和载体，大力宣传徐福文化。"徐福东渡传说"帮助岱山县极大地提高了知名度，促进了当地经济文化的发展。作为一种独特的文化现象，无论从历史还是现实的角度，"徐福东渡传说"对国内徐福文化的研究和国际上中、日、韩三国的文化交流与民间友好交往起着不可替代的积极作用。设立研究会、出版专著、拍摄电视剧、举办国际研讨会等一系列举措，让本来耳熟能详的古老传说通过创意元素的融入重新焕发生机，走进人们的生活当中，同时提高了当地的知名度，带来了一系列良好的经济效应。

三、不同模式的优缺点

滨海传统村落文化遗产保护和活化模式看似可以任意选择，实则各有千秋、各有所长，需要根据它们所适用的情况对症下药，才能获得最佳的效应。

表 6-1　滨海传统村落文化遗产保护与活化不同模式的优缺点

分类	模式	适用范围	特点	优点	缺点
保护模式	承袭性保护	非物质文化遗产	完整记录、承袭实用功能	多方面力量凝聚成联动优势	记录耗时长、花费人力物力较多
	修复性保护	物质文化遗产	原貌修复，修旧如旧	原貌保护的原真性优势	操作技艺难、专业人才少
	残缺性保护	物质文化遗产	小修小补，分级保护	节约资源、保持历史风格	分级标准指定不易，普查分级工作量大
	假借性保护	各类文化遗产	复刻性展出	保护原遗产，满足游客需求	缺少文化内涵，复刻性展出影响游客满意度
活化模式	还原性活化	各类文化遗产	技术手段还原、文化还原	保护原遗产、活化文化，带动经济	技术要求高，实现门槛高
	创意性活化	各类文化遗产	创意元素融入、贴近生活	彰显地方特色、易于接受	创意元素使用不当会影响文化遗产本身特色

第三节
滨海传统村落保护与活化的对策

在滨海传统村落的保护和活化当中，可以根据文化遗产的形式采取相对应的模式，无论是保护模式中的承袭性保护、修复性保护、残缺性保护、假借性保护，还是活化模式中的还原性活化和创意性活化，针对珍贵的文化遗产对症下药，可以复活"中华民族最久远绵长的根"，让海洋文明伴随着滨海传统村落生生不息。

一、对滨海传统村落及其文化遗产进行调查整理和专门研究

尽管我国传统村落的保护体系已经日渐完善，但滨海传统村落在其中所占比例甚微。海洋文化在滨海传统村落中具有不可替代的价值，应在滨海传统村落及文化遗产保护方面加强调查归档和相关研究。对物质和非物质文化遗产进行信息采集、归档处理，对不同价值的历史遗存分类、分层，建设滨海传统村落的记忆博物馆。对滨海传统村落中蕴含的中国海洋文化进行专门的调查和研究，加强村落保护及海洋文化研究领域的对话与合作。对遗产活化的可行性进行论证，对适合活化开发的项目进行扶持。

二、滨海传统村落文化遗产的保护和活化应保持其原真性和完整性

原真性和完整性是文化遗产保护的基本原则和核心要求,文化遗产相关信息来源的原真性和完整性决定了遗产的价值。对滨海传统村落来说,其原真性和完整性可通过物质和非物质两个方面的信息来源进行分析考量,它们是互相依存的有机整体。物质层面的信息来源主要是滨海传统村落的物质空间环境,大致分为三个层面,即村落整体层面、院落单元层面和三维立面层面。村落整体层面的具体要素包括地形地貌、水体形态、整体肌理、街巷尺度、空间格局等;院落单元层面的具体要素包括建筑朝向、建筑材料、建筑结构、建筑色彩、建筑风格、技术工艺、建筑功能等;三维立面层面的具体要素包括屋顶界面、沿街立面、村落轮廓等。非物质层面的信息来源主要是滨海传统村落的生活方式、民俗礼仪、邻里关系等。在保护的过程中要强调传统村落的建筑、环境、空间格局以及人类活动的统一整体性,在利用的过程中要做到不破坏村落整体风貌和格局,保护其全部的历史信息,充分挖掘每个滨海传统村落历史文化的特色内涵,以利于展示当地独特的风貌。

三、加强滨海传统村落文化遗产的活态化保护与传承

文化的魅力在于地域特点和民俗文化,特别是非物质性的民俗文化,需要通过当地人的生活和生产来真实体现。生活和生产模式受社会构造、生活意识、价值观念等影响,并随着时间变迁不断地

发生变化。但保存良好的活态文化可以成为很好的观光资源，使当地人从乡村旅游的发展中获得文化自觉和经济利益，从而能够实现乡村文化景观保护与利用的有机结合，在保护自然生态和地域文化的同时促进当地经济发展。

在生活模式的保护方面，应适应时代需求并尽量真实地展现传统生活，例如一些非常具有海洋特色的村民自住住宅，在满足现代居住条件的基础上提出保护要求；为旅游发展而设置的民宿，为了适应游客的现代居住习惯，可以在其基础上做现代化改造。在生产模式的保护方面，鼓励村民开展持续的渔业生产活动，再现传统的生产方式，一方面为游客参观和参与提供基础，另一方面还可以推出一系列的产品。在非物质文化遗产的传承方面，鼓励村民发掘当地的手工艺、民间艺术和礼仪节庆等，通过旅游节庆和游客体验活动使之成为村民和游客共同生活的一部分，而不仅仅成为一种商业化活动。

四、坚持保护开发与社会经济发展相协调

通过科学合理的手段，根据现代生活的需要，在保持滨海村落原有历史风貌、明确村落发展限制要求、明确生态环境保护要求的前提下，改善村落基础设施条件，改善村落中人们的生活条件，提高生活质量。对村落资源的合理利用和适度开发能够为村落发展带来一定的经济效益，同时让村落保护得以实现，让村集体和村民得到实惠，从而激发起他们保护和发展村落的热情和积极性，形成保护与开发的良性循环。

对于滨海渔村的老百姓而言，随着渔业资源的衰退，他们的生计面临很大挑战。因此在保护开发滨海传统村落时，应把握发展契机，促进其产业转型，尤其是休闲渔业、休闲旅游业，可以极大地挽救滨海传统村落走向衰退的经济。不过村民的经营模式多是以家庭为单位的松散经营，面对激烈竞争的旅游市场，村民之间在旅游资源上可能产生争夺，应整合零散的资源，发挥规模效应，增加滨海传统村落的整体竞争力。因此滨海传统村落的组织模式重构也将成为必然的趋势。

五、加强滨海传统村落保护领域的多重主体合作

实现滨海传统村落及其文化的有效保护，需要发挥政府、研究单位、民间组织、市场力量、个体志愿者等多方面的作用。

首先，政府应认识到滨海传统村落保护的价值和潜在收益，提出文化领先的发展策略，积极发展文化产业，进行传统文化的保护与开发，制定保护规划，安排保护资金。村落重构离不开法律政策调整与管理创新。在滨海传统村落的保护过程中，需要相关的立法先行，让滨海传统村落保护工作有法可依；明确滨海传统村落保护的范围和标准，划定职责分工，制定相应的监督条款；让管辖村落的地方政府签署村落保护承诺书，任命地方官员为指定责任人，同时致力于建立执法与监督机制。

其次，需要滨海传统村落村集体激发村民的保护意识，提高文化自爱与自信，鼓励公众积极参与到滨海传统村落的保护与活化中来。住建部明确要求"村落保护规划的一项核心内容就是控

制过度开发，控制商业开发的面积和规模，不允许把一条原来有老百姓生活的街区改造成商业街，更不允许把村民全都搬出来"。公众参与是滨海传统村落活化的灵魂，有利于滨海传统村落文化的活态传承。

再次，充分发挥研究单位和相关专家的作用，使其与热衷传统文化保护的社会团体开展合作，召开各种形式的传统村落保护研讨会，建设相关网站、论坛等。在理论指导和实践规划中，急需建筑学、人类学、社会学等方面的专家共同参与。在具体的保护与发展规划制定过程中，需要政府与专家通力合作，共同研讨和制订滨海传统村落的保护与发展规划。同时还需要获得上级部门的认可和批准，为保护与开展工作提供执行依据，发挥好其桥梁和纽带作用。

最后，民间组织的力量也不容小觑。他们深入典型、濒危的滨海传统村落进行抢救性考察和记录，积极参与村落保护，成为滨海传统村落得到保护和活化的重要补充力量。

六、建立滨海传统村落保护与发展的体制机制

迫切需要打破行政区的界限，进行跨区域统筹保护和发展。相邻行政区域的滨海传统村落在物质和非物质景观方面具有一定的相似性，但受制于行政区的分割，常常无法很好地进行合作，反而会产生同质化竞争。除此之外，很多相邻但并不隶属于同一行政区的滨海村落之间的交流合作十分不便。以区域发展的视角来看，应加强滨海传统村落之间的相互协作，进行跨区域统筹发展。

此外，还应对滨海传统村落的空间、社会、经济等持续变化进

行监督和管理，制定维护和管理传统村落遗产价值的法律法规和监管措施。

传统村落保护与活化利用的资金渠道，除了有来自国际机构和各级政府的保护专项资金，还应积极建设根植于传统并能创造收入的创新发展模式，同时积极鼓励地方一级的个人投资。

参考文献

REFERENCES

[1] 《中国海岛志》编纂委员会.中国海岛志：山东卷第一册[M].北京：海洋出版社，2013.
[2] 曲金良，马树华.中国海洋文化史长编：明清卷[M].青岛：中国海洋大学出版社，2012.
[3] 钱穆.中国文化史导论：修订本[M].北京：商务印书馆，2003.
[4] 曲金良.海洋文化概论[M].青岛：青岛海洋大学出版社，1999.
[5] 曲金良.海洋文化与社会[M].青岛：中国海洋大学出版社，2003.
[6] 曲金良.中国海洋文化观的重建[M].北京：中国社会科学出版社，2009.
[7] 黄顺力.海洋迷思：中国海洋观的传统与变迁[M].南昌：江西高校出版社，1999.
[8] 刘勤，周静.以海为生：社会学的探析[M].北京：海洋出版社，2015.
[9] 苏文菁.海上看中国[M].北京：社会科学文献出版社，2016.
[10] 王巧玲.海洋文化的信仰渊源探究[M].北京：中国社会科学出版社，2015.
[11] 许桂香.中国海洋风俗文化[M].广州：广东经济出版社，2013.
[12] 张耀光.中国海岛开发与保护——地理学视角[M].北京：海洋出版社，2012.
[13] 《中国海洋文化》编委会.中国海洋文化：山东卷[M].北京：海洋出版社，2016.
[14] 《中国海洋文化》编委会.中国海洋文化：辽宁卷[M].北京：海洋出版社，2016.
[15] 《中国海洋文化》编委会.中国海洋文化：福建卷[M].北京：海洋出版社，2016.
[16] 《中国海洋文化》编委会.中国海洋文化：浙江卷[M].北京：海洋出版社，2016.
[17] 《中国海洋文化》编委会.中国海洋文化：广东卷[M].北京：海洋出版社，2016.
[18] 《中国海洋文化》编委会.中国海洋文化：广西卷[M].北京：海洋出版社，2016.
[19] 《中国海洋文化》编委会.中国海洋文化：海南卷[M].北京：海洋出版社，2016.
[20] 李夕聪，纪玉洪.魅力中国海系列丛书：渤海故事[M].青岛：中国海洋大学出版社，2014.
[21] 曲金良，赵国成.魅力中国海系列丛书：黄海印象[M].青岛：中国海洋大学出版社，2014.
[22] 杨立敏.魅力中国海系列丛书：渤海印象[M].青岛：中国海洋大学出版社，2014.
[23] 刘振居.青山村志[M].北京：方志出版社，2010.
[24] 吴必虎.历史时期苏北平原地理系统研究[M].上海：华东师范大学出版社，1996.
[25] 郭肖华，林江珠，黄辉海.闽台民间节庆传统习俗文化遗产资源调查[M].厦门：厦门大学出版社，2014.
[26] 张瑞尧.福建海岛经济概貌[M].福州：福建省地图出版社，1989.
[27] 陈序经.疍民的研究[M].上海：商务印书馆，1946.
[28] 林惠祥.中国民族史[M].北京：商务印书馆，1993.
[29] 罗香林.百越源流与文化[M].台北：台湾编译馆，1978.
[30] 司徒尚纪.中国南海海洋文化[M].广州：中山大学出版社，2009.
[31] 吴锡民.广西海洋文化概论[M].北京：海洋出版社，2015.

[32] 曲金良.发展海洋事业与加强海洋文化研究[J].青岛:青岛海洋大学学报(社会科学版),1997(2):1-3.

[33] 胡燕,陈晟,曹玮等.传统村落的概念和文化内涵[J].北京:城市发展研究,2014(01):10-13.

[34] "加快公共文化服务体系建设研究"课题组.城镇化进程中传统村落的保护与发展研究——基于中西部五省的实证调查[J].社会主义研究,2013(04):116-123.

[35] 陈纲,牟健.胶东海草房民居保护传承策略探析[J].哈尔滨:城市建筑,2014(05):121-123.

[36] 褚兴彪,熊兴耀,杜鹏.海草房特色民居保护规划模式探讨——以山东威海褚岛村为例[J].北京:建筑学报,2012(06):36-39.

[37] 姜春玲,侯贺良.荣成海草房[J].济南:走向世界,2013(01):58-61.

[38] 姜静,常莹.山东招远市高家庄子古村落建筑文化研究[J].北京:艺术教育,2015(10):280.

[39] 李贺楠,张玉坤.胶东沿海地区渔村村落人居环境的景观特色[J].北京:中国园林,2008(04):71-73.

[40] 杨俊.地域性民居材料的选择与应用——以胶东半岛生态民居海草房为例[J].北京:建筑学报,2011(S2):152-155.

[41] 杨志礼,朱爱琴.胶东名居——荣成海草房[J].北京:城建档案,2013(08):13-14.

[42] 杨志礼,朱爱琴.中国胶东特色民居——海草房[J].北京:城建档案,2008(02):36-37.

[43] 杨志礼.浓浓渔家情 谷雨祈丰收——记荣成市宁津镇东褚岛村渔民节[J].北京:城建档案,2006(08):21-22.

[44] 张剑.基于可持续性设计的传统村落景观风貌传承与更新研究——以烟墩角村为例[J].北京:装饰,2017(01):140-141.

[45] 张晋浩,王学勇.海草房特色民居的保护与更新[J].泰安:山东农业大学学报(自然科学版),2017(01):134-138.

[46] 张葳,王梅.生态性与情态性的有机统———海草房民居空间形态研究[J].北京:艺术与设计(理论),2011(02):159-161.

[47] 陈方.海坛岛的地貌及其发育演变[J].天津:海洋通报,1994(06):60-66.

[48] 李建萍.浅议我国传统网具加工使用习俗[J].南昌:农业考古,2010(06):4-6.

[49] 阮仪三,王建波.山东招远市高家庄子古村落——国家历史文化名城研究中心历史街区调研[J].北京:城市规划,2013(10):97-98.

[50] 阮俊宇.非物质文化遗产语境下闽南童谣文化价值及传承[J].沈阳:沈阳师范大学学报(社会科学版),2013(06):172-174.

[51] 汤力维,倪浓水.海洋信仰与民俗的高度融合——以舟山"烧十庙·走十桥"习俗为例[J].舟山:浙江海洋学院学报(人文科学版),2012(03):14-18.

[52] 王秀萍,李学.温岭石塘传统民居的生态理念初探[J].北京:艺术与设计(理论),2010(12):118-120.

[53] 张淑凝.温岭石塘石屋调查[J].杭州:东方博物,2010(03):65-71.

[54] 黄捷,王瑜.船屋文化——海南黎族传统民居探源[J].武汉:新建筑,1997(04):32-35.

[55] 徐燕琳,胡伊萍.疍民水文化水风俗研究——以中山神湾疍民生活为例[J].太原:中北大学学报(社会科学版),2019(02):57-61.

[56] 屠李,赵鹏军,张超荣等.试论传统村落保护的理论基础[J].北京:城市发展研究,2016(10):118-124.

[57] 徐苏斌,青木信夫."一国两制"背景下香港文化遗产保育之观察与思考[J].北京:住区,2017(04):22-31.

[58] 王洁,王丝申,杨若涵等.文化景观保护:日本传统乡村的活态传承[J].北京:建筑与文化,2019(03):40-42.

[59] 冯骥才.传统村落的困境与出路——兼谈传统村落是另一类文化遗产[J].北京:民间文化论坛,2013(01):7-12.

[60] 黄永健. 东楮岛村海草房营造工艺研究[D]. 济南：山东大学，2014.
[61] 刘彩云. 胶东地区海草房营造技艺的发掘与保护研究[D]. 北京：北京服装学院，2016.
[62] 王梅. 胶东民居——海草房景观形态调查报告[D]. 武汉：湖北工业大学，2011.
[63] 王婷荣. 青岛传统渔村文化研究——以青山渔村为案例[D]. 青岛：中国海洋大学，2014.
[64] 吴天裔. 威海海草房民居研究[D]. 济南：山东大学，2008.
[65] 吴晓林. 荣成海草房实地调查及其形式美研究[D]. 济南：山东大学，2008.
[66] 于晓雨. 山东荣成院夼村龙王信仰与祭海仪式研究——以民间信仰发生、功能论为视角[D]. 济南：山东大学，2016.
[67] 段贝丽. 海岛传统村落价值评价研究：舟山案例[D]. 舟山：浙江海洋大学，2016.
[68] 贾全聚. 舟山海洋非物质文化遗产保护与开发研究[D]. 舟山：浙江海洋学院，2013.
[69] 牛犁. 汉族特殊族群（惠安女和高山汉）女性服饰研究[D]. 无锡：江南大学，2014.
[70] 王高峰. 海洋非物质文化遗产的保护与传承——以嵊泗列岛为例[D]. 舟山：浙江海洋学院，2013.
[71] 许静. 琼北火山口地区传统村落文化景观与保护研究[D]. 海口：海南师范大学，2017.
[72] 朱凌. 传统聚落形态及其保护性规划研究——以五夫古镇为例[D]. 厦门：华侨大学，2012.
[73] 刘晓东，祁山. 东方海上丝绸之路浅探[N]. 北京：光明日报，2015-11-21（011）.
[74] 黄晓慧. 民俗与石屋，共同见证百年东山村[N]. 台州：温岭日报，2015-10-26（A0007）.
[75] 范翔宇. 白龙珍珠城的历史文化特色及旅游开发[N]. 北海：北海日报，2011-09-25（003）.
[76] 赵畅. 文化遗产的"活化"保护[N]. 北京：人民日报，2015-12-20（7）.
[77] 中国传统村落数字博物馆. 高家庄子村[EB/OL]. http://main.dmctv.com.cn/villages/37068510101/History.html.
[78] 中国非物质文化遗产网·中国非物质文化遗产数字博物馆. 海洋号子（长岛渔号）[EB/OL]. http://www.ihchina.cn/project_details/12629/.
[79] 中国非物质文化遗产网·中国非物质文化遗产数字博物馆. 民间信俗（波罗诞）[EB/OL]. http://www.ihchina.cn/project_details/15158.
[80] 中国非物质文化遗产网·中国非物质文化遗产数字博物馆. 木偶戏（临高人偶戏）[EB/OL]. http://www.ihchina.cn/project_details/13435.
[81] 中国非物质文化遗产网·中国非物质文化遗产数字博物馆. 崖州民歌[EB/OL]. http://www.ihchina.cn/Article/Index/detail?id=12427.
[82] 中国非物质文化遗产网·中国非物质文化遗产数字博物馆. 灯舞（沙头角鱼灯舞）[EB/OL]. http://www.ihchina.cn/Article/Index/detail?id=13021.
[83] 中国非物质文化遗产网·中国非物质文化遗产数字博物馆. 临高渔歌[EB/OL]. http://www.ihchina.cn/Article/Index/detail?id=12780.
[84] 宓位玉. 岱山的"徐福"情结[EB/OL].（2007.5.15）. http://www.wansongpu.cn/xufu/xf-cknews.asp?id=127.
[85] 东南网. 霞浦县半月里：畲村文化撬动"美丽经济"[EB/OL].（2018.2.14）. http://fjnews.fjsen.com/2018-02/14/content_20729129_all.htm.

附录：滨海传统村落名单

表 7-1　滨海传统村落黄渤海部分

序号	批次	名称	省份
1	第一批 （2012-12-17）	青岛市即墨区丰城镇雄崖所村	山东
2		青岛市崂山区王哥庄街道青山渔村	山东
3		威海市荣成市宁津街道东楮岛村	山东
4	第二批 （2013-08-26）	烟台市招远市辛庄镇大涝洼村	山东
5		烟台市招远市辛庄镇高家庄子村	山东
6		烟台市招远市辛庄镇孟格庄村	山东
7	第三批 （2014-11-17）	青岛市即墨区金口镇凤凰村	山东
8		烟台市招远市辛庄镇徐家疃村	山东
9		威海市荣成市俚岛镇大庄许家社区	山东
10		威海市荣成市俚岛镇烟墩角社区	山东
11		烟台市年平区姜格庄街道办事处里口山村	山东
12	第四批 （2016-12-09）	葫芦岛市连山区塔山乡盘道沟村	辽宁
13		烟台市龙口市徐福街道桑岛村	山东
14		烟台市龙口市诸由观镇西河阳村	山东
15		威海市荣成市俚岛镇东崮村	山东
16		威海市荣成市人和镇院夼村	山东

表 7-2　滨海传统村落东海部分

序号	批次	名称	省份
1	第一批 （2012-12-17）	福州市马尾区亭江镇闽安村	福建
2		福州市长乐市航城街道琴江村	福建
3		宁德市福安市溪潭镇廉村	福建
4		宁德市福鼎市磻溪镇仙蒲村	福建
5		宁德市福鼎市店下镇巽城村	福建
6		宁德市福鼎市管阳镇西昆村	福建
7		宁德市福鼎市太姥山镇潋城村	福建

续表

序号	批次	名称	省份
8		宁德市霞浦县溪南镇半月里村	福建
9		泉州市晋江市金井镇福全村	福建
10		宝山区罗店镇东南弄村	上海
11		浦东新区康桥镇沔青村	上海
12	第一批 （2012-12-17）	宁波市宁海县茶院乡许民村	浙江
13		宁波市象山县石浦镇东门渔村	浙江
14		温州市苍南县矾山镇福德湾村	浙江
15		温州市苍南县桥墩镇碗窑村	浙江
16		温州市乐清市仙溪镇南阁村	浙江
17		舟山市岱山县东沙镇东沙村	浙江
18		宁德市福鼎市管阳镇金钗溪村	福建
19		宁德市霞浦县崇儒畲族乡上水村	福建
20		漳州市漳浦县旧镇镇石牛尾村	福建
21		宁波市奉化市尚田镇苕霅村	浙江
22		宁波市宁海县深甽镇龙宫村	浙江
23	第二批 （2013-08-26）	宁波市宁海县深甽镇清潭村	浙江
24		宁波市宁海县长街镇西岙村	浙江
25		台州市椒江区大陈镇大小浦村	浙江
26		台州市临海市东塍镇岭根村	浙江
27		台州市三门县横渡镇东屏村	浙江
28		台州市温岭市石塘镇里箬村	浙江
29		台州市玉环县干江镇白马岙村	浙江
30		温州市苍南县龙港镇鲸头村	浙江
31		福州市福清市南岭镇大山村食菜厝村	福建
32		福州市罗源县中房镇深坑村	福建
33		平潭综合实验区平潭县敖东镇青观顶村	福建
34	第三批 （2014-11-17）	平潭综合实验区平潭县白青乡白沙村	福建
35		平潭综合实验区平潭县流水镇东美村	福建
36		平潭综合实验区平潭县流水镇山门村	福建
37		平潭综合实验区平潭县苏澳镇斗魁村	福建

续表

序号	批次	名称	省份
38		泉州市晋江市金井镇塘东村	福建
39		泉州市晋江市龙湖镇南浔村	福建
40		泉州市泉港区后龙镇土坑村	福建
41		漳州市东山县西埔镇梧龙村	福建
42		漳州市东山县樟塘镇古港村	福建
43	第三批	漳州市龙海市东园镇埭尾村	福建
44	（2014-11-17）	漳州市漳浦县湖西镇赵家城村	福建
45		漳州市诏安县西潭乡山河村	福建
46		宁波市宁海县力洋镇力洋村	浙江
47		宁波市宁海县一市镇东岙村	浙江
48		宁波市宁海县越溪乡梅枝田村	浙江
49		台州市温岭市石塘镇东山村	浙江
50		宁德市蕉城区八都镇猴盾村	福建
51		宁德市蕉城区八都镇闽坑村	福建
52		宁德市蕉城区八都镇洋头村	福建
53		宁德市蕉城区赤溪镇赤溪村	福建
54		宁德市蕉城区赤溪镇桃源村	福建
55		宁德市蕉城区赤溪镇夏村村	福建
56		宁德市蕉城区霍童镇石桥村	福建
57		宁德市蕉城区霍童镇邑坂村	福建
58	第四批	宁德市蕉城区金涵乡后溪村	福建
59	（2016-12-09）	宁德市蕉城区九都镇贵村村	福建
60		宁德市蕉城区三都镇斗帽村	福建
61		宁德市蕉城区三都镇松岐村	福建
62		宁德市蕉城区洋中镇代都村	福建
63		晋江市灵源街道灵水社区	福建
64		泉州市晋江市龙湖镇福林村	福建
65		泉州市晋江市新塘街道梧林社区	福建
66		漳州市龙海市港尾镇城内社村	福建
67		漳州市云霄县火田镇菜埔村	福建

续表

序号	批次	名称	省份
68		漳州市漳浦县湖西乡城内村	福建
69		宁波市奉化区裘村镇马头村	浙江
70		宁波市奉化区西坞街道西坞村	浙江
71		宁波市宁海县一市镇箬岙村	浙江
72		台州市临海市东塍镇呈岐村	浙江
73	第四批	台州市临海市东塍镇坦头村	浙江
74	（2016-12-09）	台州市临海市桃渚镇城里村	浙江
75		台州市临海市小芝镇桥头村石牛坑自然村	浙江
76		台州市临海市小芝镇胜坑村	浙江
77		台州市临海市沿江镇南蒋村	浙江
78		台州市温岭市石塘镇东海村	浙江
79		温州市苍南县马站镇金城村	浙江
80		舟山市定海区金塘镇大鹏岛村	浙江

表 7-3 滨海传统村落南海部分

序号	批次	名称	省份
1		广州市番禺区石楼镇大岭村	广东
2		汕头市澄海区隆都镇前美村	广东
3		汕尾市陆丰市大安镇石寨村	广东
4		深圳市龙岗区大鹏镇鹏城村	广东
5		湛江市雷州市白沙镇邦塘村	广东
6		湛江市雷州市龙门镇潮溪村	广东
7	第一批	湛江市雷州市南兴镇东林村	广东
8	（2012-12-17）	湛江市遂溪县建新镇苏二村	广东
9		中山市南朗镇翠亨村	广东
10		东方市江边乡白查村	海南
11		海口市龙华区新坡镇文山村	海南
12		海口市龙华区遵谭镇东谭村	海南
13		海口市琼山区国兴街道上丹村	海南

续表

序号	批次	名称	省份
14	第一批 （2012-12-17）	三亚市崖城镇保平村	海南
15		文昌市会文镇十八行村	海南
16	第二批 （2013-08-26）	东莞市茶山镇超朗村	广东
17		东莞市寮步镇西溪村	广东
18		广州市番禺区沙湾镇沙湾北村	广东
19		广州市海珠区华洲街道小洲村	广东
20		广州市海珠区琶洲街道黄埔村	广东
21		广州市荔湾区冲口街道聚龙村	广东
22		惠州市惠阳区秋长街道茶园村	广东
23		惠州市惠阳区秋长街道周田村	广东
24		汕尾市陆丰市潭西镇大楼村	广东
25		阳江市阳东县雅韶镇阳江雅韶十八座	广东
26		湛江市雷州市纪家镇周家村	广东
27		湛江市雷州市南兴镇新村（新村）	广东
28		湛江市雷州市调风镇调铭村	广东
29		湛江市雷州市英利镇青桐村	广东
30		防城港市防城区大菉镇那厚村	广西
31	第三批 （2014-11-17）	东莞市塘厦镇龙背岭村	广东
32		惠州市惠东县多祝镇皇思扬村	广东
33		惠州市惠东县稔山镇范和村	广东
34		江门市台山市斗山镇浮石村	广东
35		湛江市雷州市北和镇鹅感村	广东
36		湛江市雷州市杨家镇北劳村	广东
37		湛江市遂溪县河头镇双村村	广东
38		湛江市遂溪县岭北镇调丰村	广东
39		中山市三乡镇古鹤村	广东
40		玉林市博白县松旺镇松茂村	广西
41		昌江黎族自治县王下乡洪水村	海南
42		澄迈县金江镇大美村	海南
43		澄迈县金江镇美朗村	海南

续表

序号	批次	名称	省份
44		澄迈县金江镇扬坤村	海南
45		澄迈县老城镇龙吉村	海南
46		澄迈县老城镇罗驿村	海南
47	第三批 （2014-11-17）	澄迈县老城镇石礜村（石联村）	海南
48		澄迈县老城镇谭昌村	海南
49		澄迈县永发镇道吉村	海南
50		澄迈县永发镇儒音村	海南
51		海口市秀英区石山镇三卿村	海南
52		乐东黎族自治县佛罗镇老丹村（丹村）	海南
53		潮州市饶平县所城镇所城居委大城所村	广东
54		惠州市惠东县铁涌镇溪美村	广东
55		江门市台山市斗山镇浮月村	广东
56		珠海市斗门区斗门镇八甲村委排山村（八甲村）	广东
57		珠海市斗门区斗门镇南门村	广东
58		北海市合浦县曲樟乡璋嘉村委客家老屋村	广西
59		北海市铁山港区营盘镇白龙社区白龙村	广西
60		澄迈县永发镇美傲村	海南
61		澄迈县永发镇美墩村	海南
62		澄迈县永发镇美楠村	海南
63	第四批 （2016-12-09）	澄迈县永发镇那雅村	海南
64		澄迈县永发镇南轩村	海南
65		澄迈县永发镇秀灵村	海南
66		海口市桂林洋农场迈德村	海南
67		海口市美兰区大致坡镇美篆村	海南
68		海口市美兰区灵山镇道郡村	海南
69		海口市美兰区三江镇罗梧村	海南
70		海口市琼山区红旗镇昌文湖村	海南
71		海口市琼山区旧州镇包道村	海南
72		海口市秀英区石山镇美社村（美舍村）	海南
73		海口市秀英区永兴镇冯塘村	海南

续表

序号	批次	名称	省份
74	第四批 （2016-12-09）	海口市秀英区永兴镇美孝村	海南
75		乐东县黄流镇黄流村	海南
76		琼海市博鳌镇留客村	海南
77		琼海市中原镇仙寨莲塘村	海南
78		文昌市东阁镇富宅村	海南
79		文昌市文城镇松树下村	海南
80		文昌市文城镇义门二村	海南

注：本附录根据住房城乡建设部、文化部（现文化和旅游部）、财政部等政府部门公布的前四批中国传统村落名录整理而得，不含第五批中国传统村落名录。

后记
AFTERWORD

  中国传统村落作为中华文化遗产的重要载体，承载着中华民族的历史记忆，是人类农耕文明的重要见证，也是中华民族认同的根源，具有重要的文化价值、生态价值和经济价值。但在快速城镇化、现代化的冲击下，中国传统村落正在面临生存的挑战。传统村落的消失不仅意味着村落建筑的消亡，更意味着传统村落所蕴含的文化价值的消亡。近几十年来，随着经济的大发展以及城镇化的推进，大量青壮年走出乡村，定居城市，传统村落面临着"空心化"的窘境。如今，国家已经充分意识到传统村落保护的重要性，采取了一系列的保护措施。

  "中国传统村落文化抢救与研究"系列丛书于2016年入选了"十三五"出版规划。本套丛书从文化区、物质文化、非物质文化三个方面全方位阐释中国传统村落文化。其第一辑文化区系列于2020年付梓，项目从策划到出版历时近5年。

  一本书的诞生，包含着主编、编写者、编辑、校对、审读专家等众多参与者的心血。为了保证图书的如期出版，每个人都奉献和付出了许多。

  感谢每一位编写者的勤勉，在繁重的教学和科研任务压力之下，他们利用每一个休息的空隙，孜孜不倦地书写着中国传统村落的过去、现在和未来，用朴实真挚的文字记录着村落的每一次成长与新生。

本书还配有大量精美图片帮助读者解读内容，但由于信息的更迭和转换，仍然有个别图片找不到原始版权的所有人。希望读到这本书，或者通过其他途径获取到这个信息的版权人，发送邮件至459202365@qq.com，主动与我们取得联系，我们感谢您的理解和支持。

我们本着保护和弘扬村落文化的初心，试图对中国传统村落进行一次科学的梳理、抢救性记录和提出保护建议，通过深度挖掘传统村落的价值，重新唤起社会关注，重振乡居生活方式。让越来越多的人通过阅读，了解传统村落文化的美好与珍贵，从而加入到保护者的行列。

2020年，突如其来的新冠肺炎疫情打乱了每个人的生活工作节奏，但是大家克服了自身的困难和心里的不安，携手走到了最后。再次感谢参与这套丛书出版的每一个人，大家的努力与付出，才促成了图书的成功付梓。我们撒下关爱村落的种子，期待在不久的未来它将长成参天大树，将传统村落文化扎根于每一位读者心间，愿这套丛书为传统村落文化的传承贡献一份微薄的力量。

丛书编委会
2020 年 12 月